다시 만난
수업놀이
디 에쎈셜

다시 만난
수업놀이

디 에센셜

발행일 2023년 9월 25일 초판 1쇄 발행
지은이 나승빈
발행인 방득일
편 집 박현주, 허현정, 강정화
디자인 강수경
마케팅 김지훈

발행처 맘에드림
주 소 서울시 도봉구 노해로 379 대성빌딩 902호
전 화 02-2269-0425
팩 스 02-2269-0426
e-mail momdreampub@naver.com

ISBN 979-11-89404-90-1 93370

다시 만난
수업놀이
디 에센셜

나 승 빈 지음

맘에 드림

예측불가능한 인공지능 시대에도 수업놀이를 멈출 수 없는 이유!

생성형 인공지능과 함께 사회변화는 더욱더 가속화되고 있습니다. 불과 수년 만에 참 많이 달라진 세상을 마주한 우리는 낯선 변화에 적응할 새 없이 또 다른 변화를 계속 맞이하는 상황에 놓인 거죠. 이런 대전환 시대는 먼 미래는커녕 한 치 앞을 예측하는 것조차 조심스럽습니다.

| 대전환 속에서 날로 복잡한 양상을 띠는 사회문제들 |

예측불가능한 세상에서는 사회문제들도 복잡한 양상을 띱니다. 워낙 수많은 이해관계가 뒤얽혀 있다 보니 정답 하나로 해결하기 힘들죠. 이런 복잡한 문제들은 더 많이 생겨날 것이고, 언제 어느 때 우리를 곤경에 빠뜨릴지 모릅니다. 문제해결력이 점점 더 중요해지는 이유입니다.

만약 힘이 있다는 이유로 상대에 대한 존중과 배려 없이 자기 집단에만 유리한 의사결정을 밀어붙이거나 대의로 포장한 채 약자나 소수자의 양보를 강요한다면 어떻게 될까요? 분명 언제 터질지 모를 갈등의 씨앗이 될 것입니다. 앞으로의 교육은 예측불가능한 문제들을 지혜롭게 해결하는 능력을 키우기 위해 고민해야 합니다. 2022 개정교육과정도 바로 이런 예측불가능성에 대응할 수 있는 인재 양성을 표방합니다.

| 변화무쌍한 놀이의 변주 |

놀이는 오늘날의 예측불가능성과 참 많이 닮았습니다. 놀이만큼 지루할 틈 없이 다양하게 변주되는 활동이 또 있을까요? 아이들과 수업놀이를 해보면 과정이든 결과든 크고 작은 변화가 다양하게 관찰됩니다. 예컨대 아이들은 새로운 규칙을 만들어내거나, 놀이 과정을 이렇게 저렇게 바꾸기도 합니다. 마치 좀 더 재미있는 방법, 의미 있는 결과를 찾아내려는 것 같습니다. 심지어 같은 방법으로 해도 전혀 다른 결과를 내기도 하는데, 이는 아이들의 성장이 놀이에 반영되기 때문이겠지요.

또 놀이의 성격상 언제 어느 때 돌발상황에 부딪힐지 모릅니다. 처음에는 간혹 우왕좌왕하는 모습을 보이기도 하지만, 점차 차분하게 문제를 해결하는 모습이 기특합니다. 시간이 흐를수록 낯선 문제를 만나도 겁내고 위축되기보다 "이번에는 어떻게 해결하면 좋을까?" 하는 건설적인 태도를 갖게 됩니다. 이런 것들이야말로 불확실성 시대를 살아갈 때 꼭 필요한 역량 아닐까요? 그래서 기존에 출간한 《핵심 역량을 키우는 수업놀이》, 《나승빈 선생님의 전학년 수업놀이2》 중 오늘의 교실에서 아이들과 꾸준히 함께해보면 좋을 것들을 뽑아 새로이 이 책을 구성하게 된 것입니다. 책에 담긴 다양한 놀이들을 여러분의 교실에서 나름대로 적용하는 동안 놀이가 변주하는 다채로운 매력에 푹 빠지게 될 것입니다. 그 안에서 지속가능한 미래를 꿈꾸며 아이들과 함께 성장하는 나날이 되시기를 소망합니다.

2023년

나승빈

차 례

0장 오늘 ··· 다시 만난 수업놀이
인공지능 시대의 교실, 무엇을 키워야 하나?

1장 주의력과 신체감각 수업놀이
자, 지금부터 다 함께 집중~!

2장 자존감과 상호존중 수업놀이
소중한 너와 나, 우리는 서로 존중해!

3장 친밀감과 의사소통 수업놀이
마음을 활짝 열고 귀를 기울이면…

4장

협력과 연대, 상호작용 수업놀이
함께할수록 행복한 나와 너 그리고 우리

5장

기초학력과 문해력 수업놀이
재미있는 놀이와 신나는 자기주도학습

6장 창의융합 문제해결 수업놀이
불확실성 시대, 정답보다 해답이 필요해!

7장 간편 수업놀이
교실, 집 어디서든 가볍게 즐길 수 있어요!

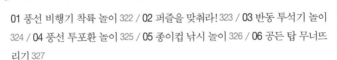

인공지능 시대의 교실,
무엇을 키워야 하나?

이 책에는 7개 장에 걸쳐 인공지능 시대를 살아갈 아이들에게 꼭 필요한 다양한 역량을 키워 배움은 물론 인성 및 사회성 발달을 북돋울 수업놀이들을 골라 소개합니다. 각각의 놀이 소개에 앞서 변화무쌍한 인공지능 시대에 더 의미 있는 수업놀이의 교육적 의의와 효과를 짚어보고자 합니다. 사전적 의미의 놀이는 그저 '재미'를 추구하는 것으로 충분합니다. 하지만 수업놀이는 다릅니다. 놀이가 가진 '재미'의 요소를 몰입의 마중물로 활용하되, 궁극적으로 아이들의 배움과 성장을 추구하는 점에서 놀이에 수업을 더한 의미가 있습니다. 수업놀이는 놀이라는 형식에 다양한 의미를 담아 아이들이 자연스럽게 느끼고 배울 수 있게 하죠. 이 장을 통해 인공지능 시대의 아이들이 교실에서 진정으로 키워가야 하는 것이 무엇인지 다시 한번 생각해볼 기회가 되었으면 합니다.

0장

오늘···다시 만난
수업놀이

인공지능 시대, 디지털 교과서 보급 등으로 학교 현장의 엄청난 파고가 예상됩니다. 벌써 교사에게 교육 전문가보다는 디지털 기술자나 AS 기사가 되라는 거냐며 우려의 목소리가 들려옵니다. 앞으로 교실에서 아이들에게 무엇을 어떻게 가르쳐야 하는지 새삼 성찰하게 되는 때입니다. 아이들이 장차 어떤 사람으로 성장하기를 바라는지 생각해보면 조금은 명확해지는 것 같습니다. 정답에만 익숙한 사람이라면 불확실성 앞에 한없이 나약한 모습을 보일 것입니다. 저는 아이들이 변화무쌍함 속에서도 유연한 자세로, 창의융합 문제해결력을 마음껏 발휘하는 한편, 타인과 기꺼이 마음을 열고 협력할 수 있기를 바랍니다.

잘 아시겠지만, 놀이는 그 자체로 매우 변화무쌍한 특성을 띱니다. 아이들은 놀이 안에서 다양한 상황을 만나고, 그에 맞는 문제해결을 위해 창의성, 유연성, 다양성 등의 사고력을 종합적으로 발휘하는 한편, 친구들과도 자연스럽게 협력하게 되죠. 놀이 안에서 시행착오를 반복하는 동안 어려운 문제를 만나도 두려움에 위축되거나 쉽게 포기나 좌절하는 대신 새로운 방법을 찾아 다시 도전할 수 있는 용기를 얻는 것 같습니다.

무엇보다 수업놀이 안에서 서로를 존중하고 배려하며 함께 문제를 해결하려는 모습은 언제 봐도 감동적입니다. 이렇게 하루하루 몸에 배어가는 문제해결 역량은 아이들의 인생에 둘도 없는 자산이 될 것입니다. 앞으로 살아가면서 혼자만의 힘으로 해결할 수 없는 수많은 문제를 마주하더라도 두려워하며 피하려고 뒷걸음치는 대신 협력하여 최선의 해결 방법을 찾아내려 할 테니까요.

놀이를 배움에 활용해야 하는 세 가지 이유

수업 시간에 놀이를 적용하려면 타당한 이유가 필요합니다. 그저 아이들과 즐거운 시간을 보내기 위해서만 놀이를 하는 교사는 없을 테니까요. 왜 놀이를 아이들의 배움을 위해 활용해야 하는지는 여러 이유가 있겠지만, 여기에서는 다음의 3가지 정도로 정리해보았습니다.

첫째, 놀이를 통해 **즐거움과 몰입**을 경험할 수 있습니다. 놀이는 과정 자체가 즐겁죠. 아이들의 경우 집중하는 시간이 짧은데, 놀이를 매개로 시간이 가는 줄 모를 정도로 꽤 오랜 시간 즐겁게 집중하게 됩니다. 또 이런 즐거운 느낌과 몰입 안에서 도전 욕구도 샘솟게 되죠.

둘째, 놀이를 통해 다양한 **사회적 기술**들을 배우고 익힐 수 있습니다. 실제로 '교육 선진국'인 핀란드, 스웨덴, 덴마크 등의 나라들에서는 어렸을 때부터 놀이로 교육을 많이 합니다. 특히 저학년은 학교생활에서 놀이가 차지하는 시간이 절반 정도 된다고 하죠. 놀이를 통해 규칙이 왜 중요한지와 순서 기다리기, 결과 받아들이기, 친구 마음 알기, 효과적으로 자신의 생각 전달하기 등의 사회적 기술 체험을 통해 배우고 연습하며, 건강한 자존감과 따뜻한 소속감 역시 놀이를 통해 느끼게 할 수 있습니다.

셋째, 놀이를 통해 **학문적 기술**을 배우고 익힐 수 있습니다. 재미있는 놀이를 매개로 학습에 필요한 것들을 두루 배워가는 것입니다. 또한 놀이마다 규칙이 있기 때문에 규칙에 맞게 생각하면서 행동해야 합니다. 그 과정에서 협동, 경청, 계산, 공감, 책임감, 목적의식, 이해, 제한 등에 대해 생각하며 자연스럽게 몸에 배는 것입니다. 특히 놀이를 통해 학습하는 경우 개념화를 촉진하여 오래 기억하게 되는 것도 장점입니다.

이제 인공지능은 책을 집필한다거나 광고 콘티를 만들어내는 등 다양한 창작 활동까지 넘보는 모양새입니다. 인공지능이 발전하면 할수록 어떻게 인류를 위해 지혜롭게 활용할 것인지 고민이 필요합니다. 문제해결력 못지않게 인성이나 사회성 교육 등도 한층 더 강화되어야 하죠. 그렇지 않으면 세간에 떠도는 인공지능 관련 온갖 괴담은 우리의 현실이 될지 모릅니다. 테슬라 최고경영자(CEO) 일론 머스크조차 한 인터뷰에서 인공지능의 폭발적 성장에 따른 부작용을 우려하며 "AI가 인류를 멸종시킬 가능성이 있다."고 했죠.

한 치 앞을 예측하기 어려운 상황에서 인공지능이 미래를 어떻게 바꿀 것인지는 섣불리 예단하기는 어렵습니다. 다만 인류가 지혜를 모으지 않는다면 인공지능 관련 수혜가 오직 특권층에만 집중된다거나, 범죄 수단으로 무분별하게 악용될 것은 충분히 짐작할 수 있죠.

이미 세상에는 갈등과 혐오, 폭력이 넘칩니다. 학교에서도 물리적 폭력은 물론 언어적·정신적 폭력에 사이버 폭력까지 난무합니다. 이런 때에 자존감, 상호존중감 등을 키우는 인성 교육과 타인과의 평화로운 공존을 위한 의사소통 및 사회성 교육 등은 아무리 강조해도 지나치지 않습니다. 다만 이런 것들은 하루아침에 몸에 배는 것이 아니므로 일상에서 꾸준한 교육이 이루어져야 합니다. 놀이가 가진 재미 요소는 누가 강요하지 않아도 반복하게 만드는 힘이 있죠. 꾸준히 이뤄져야 하는 인성 교육에 놀이만 한 것이 없다는 생각입니다. 친구들과 즐겁게 반복하는 동안 어느새 선한 인성과 더불어 삶의 지혜를 키워갈 것입니다.

03 수업놀이를 위한 공간과 마음가짐

수업놀이를 위해 꼭 필요한 2가지를 꼽자면 먼저 자유롭게 놀 수 있는 '공간'입니다. 교실에 학생 주도로 놀이 공간을 만들어볼 것을 추천합니다. 이때 꼭 지켜야 할 원칙은 '안전하게! 조용하게! 빠르게!'입니다. 교사는 학생들이 놀이 공간을 만드는 모습을 관찰한 후에 잘된 점과 더 노력해야 할 점 등을 말해주고, 학생들이 함께 놀이 공간을 만들어가도록 격려하면 좋습니다. 놀이 공간에 '교실 운동장', '교실 놀이터' 등 학생들과 함께 의미 있는 이름을 붙여주는 것도 좋습니다. 공간 다음으로 놀이에 참여하는 '마음가짐'에 대한 준비도 필요합니다. '배려', '질서', '존중', '책임', '참여' 등은 놀이할 때 꼭 갖춰야 할 덕목입니다. 다만 이 덕목을 지키라고 강요하기보다는 놀이를 더욱 재미있게 할 수 있는 기본 요소라는 점을 강조한다면 아이들 스스로 자연스럽게 지키게 될 것입니다.

때때로 놀이를 위한 몸과 마음의 준비가 안 된 아이들도 있습니다. 만약 그런 상태라면 억지로 참여를 권하기보다는 스스로의 마음을 살펴볼 시간을 주면 좋습니다. 예컨대 교실 한쪽에 '관찰 학습 자리'를 마련해두고 자신의 마음을 들여다보게 하는 거죠. 그곳에서 친구들의 놀이를 관찰하다가 참여하고픈 마음이 생기면 언제든 들어오게 하는 것입니다. 또 놀이 도중에 친구들의 놀이를 방해하거나 감정 조절이 어려워지는 경우도 '관찰 학습 자리'에서 잠시 스스로를 돌아보는 성찰의 시간을 갖는 규칙을 마련하면 좋습니다. 다만, 이런 경우는 해당 학생 마음대로 다시 돌아올 수 있는 게 아니라 친구들에게 정중히 요청하고 동의받는 절차를 마련해야 합니다.

2022 개정교육과정의 비전은 "포용성과 창의성을 갖춘 주도적인 인재"의 양성을 표방합니다. "미래 변화를 능동적으로 준비할 수 있도록 역량 및 기초소양 함양 교육과 자기주도성과 창의·인성을 키워주는 개별 맞춤형 교육을 강화하겠다."고 밝혔죠. 이는 사익에만 연연하지 않고 소외된 사람들도 아우르는 공동체적 가치를 존중하며 인공지능 시대에 유연하게 대처할 수 있는 문제해결력을 키워야 한다는 뜻과 다르지 않습니다. 이러한 역량을 키우는 데 놀이는 참 좋은 방법이라고 생각합니다.

또한 최근 들어 학생들의 '문해력' 저하가 두드러집니다. 문해력의 저하는 다양한 학습문제로 이어질 뿐만 아니라, 사회구성원 간 소통 문제를 야기할 수 있는 점에서 가벼이 넘길 수 없습니다. 문해력은 읽기를 넘어 정의, 이해, 해석, 창작, 의사소통 등을 총체적으로 아우르는 능력인 만큼 단편적인 접근이 아닌 함께 대화하고 토론하는 과정에서 자연스럽게 키워가는 것이 좋습니다. 수업놀이의 대부분은 친구들과 함께 끊임없이 의견을 주고받으며 소통해야 하는 만큼 문해력을 키워가는 데도 도움을 받을 수 있습니다. 수업놀이는 개정교육과정의 취지를 넘어 아이들이 이 변화무쌍한 시대를 지혜롭게 헤쳐나가는 데 꼭 필요한 역량들을 골고루 키워가도록 도울 것입니다. 아이들이 마음껏 배움을 키워가는 장(場)이자 도약을 위한 비계가 되어줄 테니까요.

이제 다음 장부터 본격적으로 수업놀이들을 소개하겠습니다. 각각의 놀이를 소개한 페이지에는 학년, 활동유형, 관련 역량 등이 표시되어 있습니다. 하지만 수업놀이는 누가 참여하고, 또 어떻게 실천하느냐에 따라 전혀 새롭게 발전할 수 있습니다. 얼마든지 변형 및 응용이 가능한 만큼 학년이나 활동유형에 너무 구애받지 않았으면 합니다. 그리고 아주 단순해 보이는 놀이라도 그 안에는 꽤 복잡한 메커니즘이 역동합니다. 즉 놀이 과정에서 아이들은 다양한 역량들을 복합적으로 발휘한다는 뜻입니다. 따라서 놀이마다 표시된 역량은 우리 반 아이들과의 놀이 과정에서 두드러지게 관찰된 역량 정도로 이해해주면 좋겠습니다.

수업놀이의 유형: 의도된 놀이와 자유 놀이

수업놀이는 크게 두 가지 유형으로 구분할 수 있습니다.

먼저 **의도된 놀이**는 교사가 명확한 의도를 가지고 디자인한, 수업 시간에 진행하는 놀이를 말합니다. 즉 공동체 놀이를 통해 서로 연결되는 경험을 갖게 하고, 수업 시간에 배운 내용을 복습하거나 체육 시간에 신체를 활용한 체육 놀이 등 명확한 의도를 가지고 하는 활동들입니다.

다음으로 **자유 놀이**는 교사의 간섭이 없이 아이들끼리 자유롭게 하는 놀이입니다. 그동안 배운 것들을 나름대로 연습해보는 시간이기도 합니다. 교사의 간섭은 최대한 줄이되 **소시물(所時物)** 정도 제공하면 좋습니다. 여기서 '**소**'는 장소입니다. 장소에 적합한 놀이를 안내하거나 아이들이 원하는 놀이를 할 수 있는 공간을 준비합니다. 다음은 '**시**'로 시간입니다. 사용할 수 있는 시간에 맞는 놀이를 알려주거나 아이들이 원하는 놀이를 할 수 있는 충분한 시간을 제공합니다. 마지막으로 '**물**'은 물건입니다. 아이들이 안전하게 가지고 놀 수 있는 다양한 놀이 도구를 제공하면 좋습니다.

자, 지금부터
다 함께 집중~!

수업 시간에 유독 주의력이 잘 흐트러지는 아이들이 있습니다. 예컨대 책 한 페이지를 다 읽기도 전에 벌써 지루해하며 딴짓을 하거나, 다른 친구들의 집중을 방해하기도 하죠. 무엇보다 주의력, 집중력이 저하될수록 정작 중요한 곳에 쏟아야 할 에너지를 엉뚱한 곳에 낭비해버립니다. 대표적으로 성장에 써야 할 에너지를 자기 자신에 대한 부정적인 사고를 곱씹는 데 아깝게 소모하면서 자기 비하에 빠지기도 하죠. 이는 자연히 낮은 자존감으로 이어지게 됩니다. 또한 주의력이 결핍될수록 학습효율과 능력에도 부정적인 영향을 받게 됩니다. 공부하는 시간이 아무리 길어도 제대로 집중하지 못한다면 좋은 결과를 기대하기 어려우니까요. 이에 첫 장에서는 주의력과 함께 시각, 청각 등 다양한 신체감각을 깨우며 집중력을 키우는 데 도움이 될 만한 재미있는 놀이들을 중심으로 소개하려고 합니다. 워밍업, 주의환기 활동 등으로도 강력 추천합니다!

주의력과 신체감각
수업놀이

01
명탐정,
바뀐 곳 찾기!

 바뀐 곳은 어디인지 주의 깊게 찾아봐요!

#신체감각 #협력 #의사소통 #언어와 상징 #지식정보처리

친구를 관찰하여 바꾼 부분을 찾는 모습
두 명씩 짝을 짓고 가위바위보 등으로 명탐정을 뽑는다. 정해진 시간 동안 3~5곳을 바꾼다.
바뀐 곳 모두 1분 안에 찾으면 명탐정으로 인정한다.

● 준비물 타이머(초시계)

1. 짝과 가위바위보를 한 후 진 사람이 이긴 사람의 바뀐 곳을 찾는다.
2. 진 사람은 뒤를 돌아서고 이긴 사람은 1분(익숙해지면 30초) 안에 3곳을 바꾼다.
3. "시작!" 하는 소리에 돌아서서 달라진 곳을 찾는다.
4. 다 찾았거나 정해진 시간이 되면 역할을 바꾼다.
5. 모둠 내에서 명탐정 한 명을 정하고 바뀐 곳을 찾아보게 한다.
6. 학급 전체 명탐정을 뽑고 밖에 나가 있는 동안 앉은 자리를 3곳 바꾸고 정해진 시간 동안 찾게 한다.
7. 활동 후 소감을 나눈다.

나쌤의 수업 나눔과 성찰

관찰을 매개로 놀이와 학습이 만났습니다. 관찰력을 알아보고 키우는 데 좋은 놀이입니다. 특히 과학 교과 기초탐구에 대한 공부를 놀이를 통해서 할 수 있는 것이 장점입니다. 짝과 가위바위보를 해서 진 사람은 눈을 감고, 이긴 사람은 3곳을 바꾸고, 1분 안에 바뀐 3곳을 찾아보는 미션을 수행합니다. 짝과 역할을 바꿔서 진행할 수도 있고, 네 명이 한 모둠을 이루어 명탐정 한 명을 뽑는 방법도 재미있습니다. 관찰해야 할 것이 많아질수록 아이들도 놀이에 더욱 집중하는 모습입니다.

놀이 확장 TIP   우리 반에서 가장 관찰력이 뛰어난 최고의 명탐정은 누구인지 뽑아보고, 최고의 명탐정에 다른 친구들이 계속 도전해보는 활동으로 이어가도 좋다.

□저학년 □중학년 □고학년 ▪전학년　　　　□개별 ▪짝 ▪모둠 ▪전체

02
일심동체
롤러코스터 놀이

 우리 하나 되어 신나게 롤러코스터를 즐겨요!

#신체감각 #청각자극 #집중력 #시각자극 #의사소통

우리는 하나!

야호!

마치 하나의 롤러코스터가 움직이듯 동작하는 아이들의 모습
아이들 하나하나가 롤러코스터의 일부가 된 것처럼 함께 일사분란하게 몸을 움직이는 동안 서로 연결된 느낌을 갖게 된다.

● 준비물 롤러코스터 BGM

함께 놀이해요! -

1. 공간이 충분하면 전체가 길게 한 줄, 어려우면 팀별로 한 줄씩 만들어서 앉는다.
2. 진행자가 말을 따라하면서 동작을 최대한 크게 반복한다.
3. 롤러코스터가 움직이는 것처럼 동작(손들기, 손내리기, 숙이기, 눕기, 왼쪽, 오른쪽 등)을 지시한다.
4. 다 함께 박수를 치면서 마무리한다.

나쌤의 수업 나눔과 성찰

놀이공원의 '롤러코스터'를 응용한 재미있는 몸 풀기 놀이를 아이들과 함께 해 봤습니다. 두 그룹으로 나눠서 했습니다. 롤러코스터에 탑승하는 형태입니다. 손들기, 손내리기, 숙이기, 눕기, 왼쪽, 오른쪽 등 상황을 조성합니다. 큰 소리로 따라한 후 동작을 해보았습니다. 실제 롤러코스터가 금방 끝나버리는 것처럼 한 바퀴 돌아오면 끝나는 것으로 했습니다. 그리고 선두가 맨 뒤로 가서 다시 롤러코스터를 타는 것으로 반복하면서 놀았습니다. 동작을 크게 하면 할수록 몸 풀기도 제대로 됩니다.

놀이 확장 TIP 다 함께 롤러코스터 영상을 보면서 어떻게 움직이고 그 안에 타고 있는 사람들이 어떤 동작을 하는지 살펴본다. 롤러코스터를 타는 것을 제대로 느낄 수 있도록 배경 음악을 준비해서 들으면서 하면 더 좋다. 아이들이 돌아가면서 롤러코스터를 조정하는 것도 추천한다. 직접 동작 미션을 큰 소리로 친구들에게 말하면서 조정하는 경험을 할 수 있다. 이때 교사도 아이들 속으로 들어가서 함께 참여하면 더 좋다.

03

보물찾기, 소리를 찾아서!

 오직 소리에 집중해서 숨겨놓은 보물을 찾아요!

#신체감각 #청각자극 #집중력 #시각자극 #지식정보처리

보물에 해당하는 사람에게 가까워지면 크게 박수를 치는 모습

청각 놀이다. 술래가 보물로 지정한 사람이나 소지품에 가깝게 갈수록 박수 소리가 커진다. 반대로 멀어질수록 박수 소리는 작아진다. 총 세 번의 기회 안에 보물을 찾는 것으로 하면 조금 더 신중해진다. 많은 사람이 골고루 참여할 수 있게 시간을 정해두는 것도 좋다.

● 준비물 보물로 사용할 물건

함께 놀이해요!

1. 술래를 정하고 복도로 잠시 나가도록 한다.
2. 교실에서 보물이 될 사람 또는 소지품을 정한다.
3. 박수 세기를 1~5단계로 나누어 연습한다. 술래가 보물에 가까워질수록 박수를 더 크게 치고, 멀어지면 작게 치는 식이다.
4. "술래야~ 놀자!"라고 하면서 술래를 교실로 들어오게 한다.
5. 보물을 찾으면 역할을 바꿔서 다시 활동해본다.
6. 활동 후 소감을 나눈다.

나쌤의 수업 나눔과 성찰

다양한 신체감각 중 청각을 깨우는 활동입니다. 집중력도 발휘해야 하죠. 보물을 찾았을 때는 "보물을 찾은 것을 축하해!"라고 함께 외쳐주도록 하니 아이들도 더욱 호응하며 참여했던 놀이입니다. 교사의 입장에서는 보물을 금방 찾을 수 있을 것 같았는데 의외로 쉽지 않았습니다. 또 보물을 찾지 못하면 크게 낙담하는 모습도 보였는데, 이때 필요한 것은 격려입니다. 격려 속에서 다시 보물을 찾아볼 수 있는 용기를 얻게 되죠. 세 번 안에 친구가 보물을 꼭 찾을 수 있도록 서로 도와주면 모두가 보물을 찾는 기쁨을 누릴 수 있습니다. 놀이를 통해 아이들이 실패해도 좌절하기보다 '노력하니 되는구나.', '좀 더 해보자.' 등 긍정적인 생각을 하면 좋겠습니다.

놀이 확장 TIP 보물을 찾는 시간을 제한하거나 더 빨리 찾는 것에 도전해본다.

04
엉덩이 씨름,
보물을 지켜라!

 밖으로 밀려나지 않고 먼저 보물을 차지해요!

#신체감각 #청각자극 #집중력 #문제해결

보물을 차지하기 위해 엉덩이 씨름을 하는 모습
보물도 차지해야 하고, 상대도 원 밖으로 밀어내야 한다. 제한시간을 두고 빠르게 진행하면
더 많은 학생들이 참여할 수 있다.

● 준비물 폼 주사위 등 보물로 사용할 물건, 영역 표시를 위한 분필이나 훌라후프

함께 놀이해요!

1. 모둠을 편성하고 원으로 활동 영역을 만든 다음 보물로 사용할 물건을 정한다.
   원(활동 영역)은 분필로 그려도 좋고, 훌라후프를 이용해서 표시해도 된다.
2. 모둠별로 대표 선수가 나와서 신호(집어!)에 맞추어 보물을 차지한다.
3. 보물을 차지하면 1점을 얻고, 상대방을 원 밖으로 밀어내면 2점을 얻는다.
   - 보물을 차지했지만 밀려나면 오히려 2점을 뺏기게 됨.
   - 보물을 차지하고 상대방을 원 밖으로 밀어내면 3점을 얻음.
4. 10초 안에 원 밖으로 밀어내지 못했다면 보물을 차지한 것만 점수를 받는다.
5. 모둠별로 대결을 하고 나서 점수를 계산해 승패를 결정한다.
6. 활동이 끝나면 전체적인 소감 나누기를 한다.

나쌤의 수업 나눔과 성찰

보물을 차지하려면 신호에 집중해야 합니다. 또 신호에 맞춰 보물을 집었는데 원 밖으로 밀려 나가면 오히려 점수를 적은 받는 것도 놀이의 재미를 높이는 포인트! 모둠별로 각각 네 명의 선수들이 대결을 하고, 가위바위보로 대결할 모둠을 지정했습니다. 어떻게든 밖으로 밀려 나가지 않으면서 보물을 차지하고 상대방을 밀어내려 안간힘을 쓰는 모습에 교실 안은 웃음꽃이 가득 피었습니다.

놀이 확장 TIP 아이들끼리 새롭게 규칙을 정하도록 하여 도전해보는 것도 재미있다.

05
오싹오싹
유령 열차

두근두근, 유령 기관사에게 잡히면 나도 유령?!

#신체감각 #청각자극 #집중력

유령 기관사가 된 친구가 다른 친구들 뒤를 돌면서 터치하는 모습
모두 눈을 감은 채 으스스한 음악이 들리는 가운데 조용히 유령 열차가 출발한다! 아이러니
하게 음산한 분위기 속에 친밀감은 한층 높아진다.

● 준비물 안대(없으면 손으로 눈을 가리고 진행), 으스스한 BGM

함께 놀이해요!

1. 열차의 기관사(유령)를 뽑는다. 나머지는 모두 승객으로 눈을 감고 둘러앉는다.
2. 기관사가 어깨를 터치하면 유령이 되어 말없이 기관사를 뒤따른다.
3. 마지막 한 명 빼고 모두 유령이 되면 기관사는 그 한 명을 기점으로 한 바퀴 돌아서 다시 그에게 도달해야 하며, 그 사이 유령들은 마지막 친구에게 열심히 텔레파시를 보낸다. 한 바퀴를 돌기 전에 마지막 친구가 눈을 뜨며 "너희들 다 유령이지!" 하고 맞히면 유령이 된 승객들도 다시 사람이 되며 사람이 승리한다.
4. 한 바퀴를 도는 동안 아무도 알아채지 못하면 모두 유령이 된다.
5. 중간에 아직 사람이 남아 있을 때 누군가가 눈을 뜨며 "너희들 다 유령이지!!" 하면 그 학생은 유령이 되어 유령 열차 맨 뒤에 붙는다.

나쌤의 수업 나눔과 성찰

이 놀이는 비가 올 때 하면 더욱 금상첨화입니다. 불을 끄고 스산한 음악도 틀어주니 분위기가 더욱 으스스해지고, 더 흥미진진하게 놀이할 수 있습니다. 그런데 워낙 흥이 넘치는 아이들이 좀처럼 조용히 걷지를 않습니다. 낡은 교실 바닥에서 나는 삐걱삐걱 소리가 눈을 감고 앉아 있는 아이들에게는 더 공포스럽게 느껴졌다고 합니다. 몇 판하고 아이들 속으로 들어가서 함께 해봤습니다. 선생님들도 꼭 아이들과 함께 해보실 것을 추천합니다.

놀이 확장 TIP 유령 기관사를 찾는 것이 아니라 마지막 승객이 누구일까 상상하면서 끝까지 기다리는 형태로 놀이해도 재미있다. 마지막 승객 앞에서 모두가 눈을 뜰 때까지 기다리다가 눈을 뜨면서 깜짝 놀라게 한다. 마지막 승객이 다음 유령 기관사가 되어서 다시 놀이를 이어간다.

06
외다리 전쟁, 버텨야 승리!

한쪽 다리로만 서서 균형감각으로 대결해 봐요!

#신체감각 #집중력 #문제해결

한쪽 다리로 서서 먼저 상대의 균형을 무너뜨리려는 두 아이의 모습
가볍게 돌아다니다가 신호를 주면 가까운 친구와 손을 잡는다. 대결 상대가 되는 것이다. 한 손은 상대의 손을 잡고 다른 손은 자신의 다리를 뒤로 접어서 잡는다. 한쪽 다리로 균형을 잡고 상대편과 손을 잡은 상태에서 밀거나 당겨서 공격한다. 먼저 균형을 잃고 바닥에 발이 닿는 쪽이 진다.

● 준비물　없음

1. 공간을 충분하게 만든 후 두 명씩 짝을 짓는다.
2. 한 손은 자신의 한쪽 다리를 뒤로 구부려 잡고, 다른 한 손은 상대방 손과 맞잡는다.
3. 손을 잡은 상태로 서로 밀거나 당겨서 공격한다. 손을 놓치거나 발이 땅에 먼저 닿으면 진다.
4. 짝을 바꾸어 몇 차례 진행하거나 토너먼트로 대결한다.
5. 활동 소감을 나눈다.

나쌤의 수업 나눔과 성찰

일주일의 마지막 시간은 교실 놀이입니다. 오늘의 놀이는 '외다리 전쟁'이었죠. 한쪽 다리로만 서서 균형감각을 대결해보는 활동입니다. 서로 손을 맞잡고 밀거나 당기는데, 균형을 잃고 넘어지거나 발을 잡은 손을 먼저 놓치면 지게 되죠. 마침 남학생이 열 명, 여학생은 열네 명이라서 서로 짝이 맞았습니다. 균형을 잃고 넘어지지 않으려면 집중해야 하죠. 즐겁게 대결도 하고, 놀이 후에는 서로를 격려하며 훈훈하게 마무리했습니다.

놀이 확장 TIP　일대일로 하고 마지막까지 이겨서 남은 두 사람이 결승전까지 했다. 단순하지만 생각보다 너무 재미있었다. 팀 대결로 해도 좋고, 학급 전체가 토너먼트 형태로 진행하는 것도 좋다. 활동 후에는 서로 손을 잡고 열심히 한 것에 대해 격려하면서 마무리하는 것이 좋다.

07
눈감고 감각에 집중!
눈감술 놀이

 눈을 가린 채 다른 감각에 집중해 봐요!

- -

#청각자극 #집중력 #문제해결

눈을 가린 채 다른 감각을 동원해 친구들을 잡는 모습
술래는 눈을 가리고 있기 때문에 자칫 움직이다가 어딘가에 부딪히거나 넘어질 수 있다. 이
때 부상을 입지 않도록 환경을 잘 정리한 후에 놀이를 시작한다.

● 준비물 안대, 타이머, 장애물로 사용할 물건

함께 놀이해요!

1. 술래가 안대를 쓰고 친구들을 찾는 놀이이다.
2. 술래는 공평하게 뽑기로 뽑고, 안대를 쓰고 10초를 센다. 술래가 10초를 모두 센 이후에는 움직일 수 없다.
3. 술래는 1분 30초 동안 활동한다.
4. 술래에게 터치되는 것이 불편하면 잡히기 전에 움직여서 피하고 아웃이 되면 된다.
5. 아웃이 되면 나중에 한 번에 미션을 수행한다.
6. 더 많이 잡은 술래가 최종 승리한다.

나쌤의 수업 나눔과 성찰

눈을 가리고 친구들을 잡는 '눈감술 놀이'를 했습니다. 몇 명만 하고 다음 놀이로 넘어가려고 했는데, 아이들이 워낙 열광하다 보니 희망하는 모두가 1분씩 해볼 수 있도록 했죠. 놀이를 지켜보는 내내 엄청 웃었습니다. 그리고 아이들에 대해 더 많이 알 수 있는 시간이기도 했죠. 친구 바로 앞에 있어서 빨리 잡히는 아이, 절대로 찾을 수 없는 곳에 꼭꼭 숨는 아이, 일부러 친구들이 많은 곳으로 가서 함께 숨는 아이 등 저마다의 개성에 따라 다르게 움직이는 아이들을 보는 것도 참 재미있습니다.

놀이 확장 TIP 술래에게 박수 등으로 위치를 알려주는 규칙, 한 발을 고정한 상태에서 움직일 수 있는 규칙 등을 추가로 넣을 수 있다. 또 팀을 나누고 상대팀의 VIP를 먼저 발견하는 팀이 승리하는 대결 방식으로도 확장할 수 있다.

□저학년 ■중학년 ■고학년 □전학년   □개별 □짝 □모둠 ■전체

08
출석 놀이,
혼자 왔어요!

 순발력과 집중력을 한껏 발휘해 봅시다!

#집중력 #공동체 #의사소통

둘이 왔어요~!

숫자에 맞게 자리에서 일어나는 출석 놀이 활동 모습
생각보다 자신의 차례가 금방 돌아오기 때문에 집중했다가 순발력 있게 일어나면서 외쳐
야 한다.

● 준비물 의자나 방석

함께 놀이해요! -

1. 의자나 방석을 둥그렇게 놓고 둘러앉는다.
2. 진행자가 한 명을 지정하면 바로 시작한다(1-2-3-2-1 순으로 반복).
   - 오른쪽 방향으로 지정된 한 명(1번)이 "혼자 왔어요." 하면서 일어선다.
   - 다음 두 명(2번과 3번)이 "둘이 왔어요." 하면서 일어선다.
   - 다음 세 명(4번과 1번과 2번)이 "셋이 왔어요." 하면서 일어선다.
   - 다음 두 명(3번과 4번)이 "둘이 왔어요." 하면서 일어선다.
   - 다음 한 명(1번)이 "혼자 왔어요." 하면서 일어선다.
3. 익숙해지면 한 명을 지정할 때 방향을 추가(오른쪽/왼쪽으로)할 수 있다.

나쌤의 수업 나눔과 성찰

조금만 한눈을 팔아도 자신의 순번을 놓치기 때문에 집중력과 순발력이 필요
한 활동입니다. 아이들은 한 번에 한 바퀴를 성공할 수 있다고 호언장담하지만,
생각처럼 쉽지 않죠. 막상 해보면 처음 당당함은 온데간데없이 사라지고 자신
의 차례가 왔을 때 늦게 일어나거나 차례도 아닌데 일어나는 등의 실수가 연발
하며 웃음꽃이 터집니다. 실수하면 간단한 미션을 하고, 걸린 사람부터 다시 시
작하거나 그다음부터 시작할 수 있습니다. 중간에 잠시 멈추고 아이들에게 "더
잘하기 위해서 어떻게 하면 좋을까요?"라고 물어보면 좋습니다.

놀이 확장 TIP 학급 공동의 목표로 전체 한 바퀴를 아무도 걸리지 않고 돌
아오는 것으로 하고 진행해도 좋다.

09
교실 문
림보 대결

 유연성이 뛰어난 우리 반 림보왕은 누구?

#신체감각 #자기관리 #주의집중력

교실문에 설치해놓은 줄로 림보를 하는 모습
유연성을 발휘하는 놀이다. 림보의 경우 양쪽에서 기준 막대나 줄을 잡고 있어야 하고, 높이를 정확하게 측정하기 쉽지 않다. 또 양쪽의 높이를 똑같이 유지하기가 쉽지 않다. 교실 입구에 줄을 설치할 수 있는데, 줄자를 문의 양쪽에 붙이고 털실을 이용해 높이를 조절한다.

● 준비물　줄자, 자석집게, 털실

함께 놀이해요!

1. 교실 앞문과 뒷문에 줄을 설치한다.
2. 모둠별로 연습을 한 후 대표 선수를 선발한다.
3. 정해진 높이를 모두 통과하면 조금씩 낮춰가는 방식으로 대결을 한다.
4. 최후의 승자가 나올 때까지 반복해서 림보 왕(여왕)을 선발한다.
5. 림보를 할 때 앞이나 뒤에서 장난치지 않도록 안전 교육을 한다.
6. 활동 소감을 나눈다.

나쌤의 수업 나눔과 성찰

아이들이 중간 놀이로 할 만한 것을 찾기에 림보가 떠올랐습니다. 요즘 아이들은 점점 더 몸을 움직이는 것을 별로 좋아하지 않는 것 같길래 몸도 움직이면서 유연성도 키울 수 있는 림보 놀이가 제격일 것 같았죠. 또한 줄에 닿지 않고 넘어가려면 집중해야 합니다. 교실 출입문의 틀이 철로 되어 있는 것을 확인하고, 자석과 실을 이용해서 림보 줄을 설치했습니다. 그런데 순간 아이디어가 떠올랐습니다. 줄자를 옆에 붙이는 것이었죠. 그러면 높이를 조절할 때 좀 더 정확하게 할 수 있고, 기록을 체크할 수 있을 테니까요. 그래서 양쪽에 줄자를 붙여서 높이를 조금씩 조절할 수 있게 설치해놓았죠. 그러자 아이들은 쉬는 시간에도 자연스럽게 림보를 하는 모습을 볼 수 있었습니다.

놀이 확장 TIP　만약 교실 문틈 소재가 철이 아닌 나무라면 벨크로(찍찍이)를 붙여보자. 줄을 잡고 있을 필요가 없고, 정확한 기록을 측정할 수도 있다. 기록을 측정하면서 자연스럽게 수 개념과 연산을 익히게 된다.

10
컵과 종이로
탑 쌓기

 자, 집중! 진짜 게임은 탑을 쌓은 후 시작된다!

#신체감각 #문제해결 #집중력 #자기관리

컵을 쌓고 무너지지 않게 종이를 신중하게 빼는 모습
신중한 태도와 집중력이 필요한 놀이이다. 특히 친구가 도전할 때 옆에서 산만하게 방해하지 않고 조용히 격려할 수 있도록 안내한다.

● 준비물   컵 쌓기 컵 4개, 두꺼운 종이

함께 놀이해요! ▶ -

1. 컵과 두꺼운 종이(A4도화지 4등분)를 준비한다.
2. 컵과 컵 사이에 종이를 올려서 탑을 쌓는다.
3. 먼저 4층을 쌓은 팀은 100점, 그 다음은 80점, 60점, 40점, 20점, 0점을 받는다.
4. 순서대로 두꺼운 종이를 빼서 컵이 제대로 포개지면 추가로 100점씩 받는다.
5. 더 많은 점수를 받은 사람이나 팀이 승리한다.

나쌤의 수업 나눔과 성찰

집중력은 물론 신중함과 정확함이 요구되는 활동을 준비했습니다. 컵 4개와 3 장의 카드를 이용해서 탑을 쌓았습니다. 정해진 시간 안에 모두 쌓으면 100점 을 기본 점수로 받는 것으로 했습니다. 컵과 종이 카드로 탑을 다 쌓고 나면 진 짜 게임이 시작됩니다. 컵을 쓰러뜨리지 않고 종이만 빼내야 하니까요. 종이 빼 기에 성공하면 100점씩 추가 점수를 받습니다. 모두 성공하면 400점이 됩니 다. 살살 빼면 거의 실패합니다. 카드를 빠르게 당겨서 빼야 그대로 아래로 떨 어집니다. 별 것 아니지만 아이들에게 시범을 보여주니 엄청 신기해합니다. 그 부분을 연습한 후 진짜 게임을 시작했습니다. 하나라도 성공하면 너 나 할 것 없이 모두 한마음으로 엄청 환호하는 모습을 보여주었습니다.

놀이 확장 TIP   A4 크기 도화지를 4등분해서 컵과 컵 사이에 올리면 좋다. 종이를 빼는 것에 익숙해지면 검지로 종이를 쳐서 날리는 활동으로도 응용할 수 있다. 정확하게 잘 치면 종이만 교묘하게 빠지고 컵은 그대로 포개진다.

11
모양에 따라
점프! 점프! 점프!

 발바닥 모양을 따라 점프로 이동해 보아요!

#신체감각 #문제해결 #집중력 #자기관리

발바닥 모양에 맞게 점프하는 아이들의 모습
발바닥 모양을 아이들이 직접 꾸며보게 하면 활동이 자연스럽게 미술 활동으로 확장 및 연계
되어 더욱 재미있게 놀이하고 참여할 수 있다. 발바닥 또는 손바닥 모양을 아이들이 직접 꾸
미게 하면 더 좋다.

● 준비물   발바닥 모양 스티커 또는 직접 그린 발바닥 그림

함께 놀이해요!

1. 손바닥과 발바닥 모양을 그리거나 스티커를 붙인다.
2. 손바닥·발바닥 모양을 교실 바닥에 다양한 형태로 붙인다.
3. 순서대로 모양에 맞춰서 앞으로 이동한다.
4. 익숙해지면 모둠별로 돌아가면서 더 빨리, 더 정확하게 뛰는 것을 연습하고 대결한다.

나쌤의 수업 나눔과 성찰

핀터레스트(Pinterest)에서 많이 봤던 활동을 우리 반 아이들과 함께 해봤습니다. 인터넷 쇼핑에서 발바닥 스티커를 구입해서 교실 바닥에 붙여두고, 모양에 맞게 점프해서 이동하는 것으로 했습니다. 먼저 연습한 후 모둠 대결로 했습니다. 단, 모양에 맞게 정확하게 착지하지 않으면 10초를 더 추가하는 것으로 했습니다. 생각보다 운동량도 많고, 재미있게 놀면서 하루를 마무리할 수 있었습니다. 다음에는 손바닥 모양도 추가하여 더 재밌게 놀아보면 좋겠다고 생각했습니다.

> **놀이 확장 TIP**   모둠별로 돌아가면서 점프하고 터치할 모양을 준비한다. 다른 모둠에서 만들어놓은 모양에 최단 시간에 도전하는 것으로 놀이를 변형할 수 있다.

12
휴지 신궁,
칠판 양궁 대결

칠판 과녁을 조준하시고, 휴지를 쏘세요~!

#신체감각 #집중력 #자기관리

칠판에 휴지 양궁을 던지는 모습
칠판에 양궁 과녁을 그리거나 활을 쏠 위치를 분필이나 자석 등으로 표시한다. 휴지에 물을 묻혀 칠판에 잘 붙게 만든다. 3초 동안 붙어 있어야 점수로 인정된다. 모둠 내에서 연습한 뒤 순서대로 한 명씩 나와서 휴지 활을 쏜다.

● 준비물 칠판, 분필, 휴지, 물

함께 놀이해요!

1. 칠판에 분필로 양궁 과녁을 그린다.
2. 휴지에 물을 묻히고 칠판에 던져 붙이는 연습 시간을 준다.
3. 연습이 끝나면 정해진 자리에서 휴지에 물을 묻혀 칠판에 던진다. 칠판에 붙어 있는 휴지만 점수로 인정한다.
4. 물칠판[1]이 없으면 분필을 들고 코끼리코를 10바퀴 돈 다음 칠판 과녁에 찍는 방식으로 변형할 수 있다.
5. 활동 소감을 나눈다.

나쌤의 수업 나눔과 성찰

칠판은 아이들이 가장 좋아하는 교실 속 놀이도구 중 하나입니다. 칠판에 낙서도 해보고 싶어하고, 칠판을 지우는 것도 좋아하죠. 그래서 칠판을 활용한 놀이를 해보았습니다. 칠판에 양궁처럼 과녁을 그리고, 과녁을 향해 물에 젖은 휴지를 던져보았죠. 양궁처럼 경계선에 붙으면 더 높은 쪽 점수를 받는 것으로 하였습니다. 아이들은 물휴지를 던지며 즐겁게 점수를 더해보는 모습을 보여주었습니다.

놀이 확장 TIP 코끼리 코를 10바퀴 돌고, 바로 와서 손가락이나 분필로 찍어서 점수를 더해 가는 방식도 재미있다.

....
1. 물칠판은 분필을 사용하고 지울 때 분필 가루가 나오지 않도록 물로 지우는 칠판이다. 대부분의 학교에 대중화되어 있다.

13
교실
플로어볼 볼링

 스틱으로 정확하게 공을 쳐서 100점에 도전해요!

#신체감각 #집중력 #자기관리

플로어볼 스틱으로 목표에 정확하게 공을 보내는 연습을 하는 모습
플로어볼 스틱으로 공을 쳐서 점수를 얻는다. 공이 멀리 갈수록 점수가 높고, 가까우면 점수가 낮다. 플로어볼 스틱을 정확하게 잡고 공을 쳤을 때 추가 점수를 주는 규칙을 넣으면 자연스럽게 플로어볼 기본 자세도 바르게 연습할 수 있다.

● 준비물 플로어볼 스틱, 공, 콘

1. 콘마다 점수를 적거나 붙인다.
2. 큰 점수가 붙은 콘일수록 멀리 설치한다.
3. 정해진 곳에서 플로어볼 공을 스틱으로 쳐서 콘을 맞춘다.
4. 순서대로 굴려서 점수를 더해 승부를 가린다.
5. 활동 소감을 나눈다.

나쌤의 수업 나눔과 성찰

원하는 콘을 맞추려면 집중해서 스틱으로 정확하게 공을 보내야 하죠. 가까운 것부터 10점, 30점, 50점, 70점, 90점, 100점 등으로 점수 차이를 점점 크게 만들어놓는 것이 좋습니다. 가까운 것에 도전하면 성공할 가능성은 크지만 점수가 낮습니다. 정확하게 멀리 보내서 높은 점수를 얻으면 같은 팀원들이 마치 자신의 일처럼 크게 환호하며 아낌없이 박수를 치는 모습을 볼 수 있습니다.

놀이 확장 TIP 지고 있는 쪽에서 '찬스'(양팀 모두 두 번씩)를 쓸 수 있게 해 3배의 점수를 받을 수 있도록 하면 승부를 순식간에 뒤집을 수 있어서 아이들이 끝까지 흥미진진하게 참여하게 된다.

14
신호에 집중!
의사소통 놀이

 신호에 의지해 함께 목표지점을 찾아가요!

#신체감각 #집중력 #공동체 #의사소통

미리 정한 신호에 따라 목표를 찾아가 보는 활동 모습
눈을 뜨고 간다면 정말 짧은 거리이지만 서로 신호에 의지해서 천천히 걸어가다 보면 꽤 멀게 느껴진다. 시간도 오래 걸릴 뿐만 아니라 불안함도 느끼게 되지만, 신호에 집중하다 보면 결국 목적지에 도착할 수 있다.

● 준비물　목표 지점으로 사용할 콘, 장애물로 사용할 의자나 책상

함께 놀이해요!

1. 모둠을 편성(다섯 명 이상 열 명 이하)한다.
2. 기차놀이처럼 뒷사람은 앞사람의 어깨 위에 두 손을 올린다.
3. 맨 뒷사람은 모둠장으로 모둠원들을 목표 지점까지 안내한다.
4. 나머지 모둠원은 안대를 쓴다.
5. 장애물을 피해 목표 지점으로 가기 위해 신호(앞으로, 왼쪽, 오른쪽, 멈춰 등)를 정한다.
6. 목표 지점까지 빨리 가기 대결을 한다.
7. 활동 소감을 나눈다.

나쌤의 수업 나눔과 성찰

아이들은 눈을 가린 채 모둠장의 신호와 말에 의지해서 조심조심 길을 찾아갔습니다. 시각과 청각을 통제하고 신호에만 의지해 찾아간 것, 모둠장의 말도 함께 들으면서 찾아간 것의 차이를 실감하게 된 활동이었죠. 말없이 정해진 신호에만 의지해야 하는 과정에서 때론 답답함도 느끼게 됩니다. 또 팀원을 안내하는 팀장의 역할이 중요한데, 신호만으로 안내하는 것이 얼마나 어려운지 깨닫게 되죠. 실제로 활동을 끝낸 후에 아이들은 입을 모아 말이 엄청난 힘을 갖고 있음을 실감했다고 합니다.

놀이 확장 TIP　평소에 놀이나 다양한 활동을 하면서 발생했던 상황들을 되돌아보면서 효과적으로 목표를 달성할 수 있는 의사소통에 대해 이야기를 나눌 수 있다.

15
씨름 놀이,
힘이냐 균형이냐?

 손, 발, 도구… 다양한 씨름 놀이를 해보자!

\#신체감각 \#집중력 \#갈등관리 \#문제해결

줄을 이용해 씨름을 즐기는 모습
우리 고유의 운동인 씨름을 다양한 방식으로 응용하여 재미있게 놀이할 수 있다. 다만 씨름의 특성상 신체 접촉이 일어나는 만큼 원치 않는 아이들은 응원에만 참여할 수 있게 배려한다.

● 준비물 원 마커, 두꺼운 긴 줄(줄 씨름), 의자(다리 씨름)

함께 놀이해요!

※ 씨름은 크게 상대의 '균형'을 잃게 하거나 '힘' 대결 방식으로 나뉜다.

손바닥 씨름 - 두 발을 고정한 채 친구의 손바닥을 밀쳐서 균형을 잃게 만든다.

손 씨름 - 두 발을 고정한 채 친구의 손을 잡아당기거나 밀어서 균형을 잃게 한다.

엄지 씨름 - 엄지를 뺀 네 손가락을 맞잡고 엄지로 친구의 엄지를 먼저 누른다.

줄 씨름 - 두 발을 고정한 채 줄을 당기거나 풀어 친구가 균형을 잃게 하거나 줄을 뺏는다.

다리 씨름 - 의자에 앉아 친구의 다리를 벌리거나 오므리게 만든다(공수 교대)

발등 씨름 - 한 손을 잡은 채 친구의 발등을 먼저 밟는다.

무릎치기 씨름 - 한 손을 잡고 친구의 무릎을 먼저 터치한다.

황소 씨름 vs 고등어 씨름 - 황소와 고등어가 씨름을 하는 전래놀이로, 각 단계별로(1단계-손과 손을 잡고, 2단계-팔과 팔꿈치를 잡고, 3단계-어깨와 어깨를 잡고, 4단계-서로 머리를 맞대고) 씨름을 할 때 함께 노래를 부르면서 한다.

나쌤의 수업 나눔과 성찰

전래놀이. 전통문화 등과 관련해서 모든 학년에서 반복해서 배우게 됩니다. 씨름을 소재로 다양하게 놀이를 해봤습니다. 손바닥 씨름, 엄지 씨름, 다리 씨름, 발등 씨름, 줄 씨름, 황소와 고등어 씨름 등을 하면서 즐겁게 놀았습니다. 쉬는 시간과 중간 놀이 시간에도 아이들끼리 정말 많이 하며 놉니다.

놀이 확장 TIP 씨름을 통해 다양한 전래놀이에 대한 이야기 나누기로 활동을 확장시켜도 좋다. 직접 해본 터라 우리 전통 문화에 대한 관심으로 자연스럽게 이어진다. 아울러 다른 나라의 전래놀이를 알아보는 시간도 가져본다.

16
던지고 뒤집고 받는
집중력 컵 놀이

 던지고 빠르게 뒤집어서 받아내면 모두가 승자!

#신체감각 #집중력 #자기관리 #협력

컵을 던지고 뒤집어서 받는 데 집중하고 있는 아이들의 모습
컵을 공중으로 던져서 받아내는 데 익숙해지고 나면 팀을 짜서 함께 주고받는 놀이로 발전
시킬 수 있다.

● 준비물 개인별 컵 2개(깨지지 않는 플라스틱 컵이나 종이컵)

- -

1. 컵 하나를 뒤집은 상태로 손으로 잡는다.
2. 그 위에 컵을 하나 올린다.
3. 위에 있는 컵을 위로 쳐올리듯 던지고 아래 들고 있는 컵을 뒤집는다.
4. 아래 들고 있는 컵에 위로 던진 컵이 제대로 들어가면 성공이다.
5. 정해진 숫자만큼 먼저 성공한 사람이나 팀이 승리한다.

나쌤의 수업 나눔과 성찰

컵 쌓기 도구로 아이들과 함께할 수 있는 놀이들이 참 많습니다. 그중 하나로 컵 2개로 하는 놀이를 해보았습니다. 한 손으로 컵을 뒤집어서 준비하고, 그 위에 컵을 올립니다. 위로 올리듯 던지고 아래 컵을 뒤집어서 그대로 받으면 성공입니다. 정확하게 두 컵이 포개지면 성공입니다. 던져 올리지 않고 흔들어서 들어가는 것은 성공으로 간주하지 않습니다. 모둠에서 충분히 연습을 한 후 모둠 대결을 펼쳤습니다. 정해진 시간인 1분 30초 동안 모둠원들이 성공한 횟수를 더해서 모둠 점수로 했습니다. 요령을 알려주었더니 연우와 현준이가 알려준 방법대로 성공하여 친구들의 엄청난 환호를 받았습니다.

놀이 확장 TIP 혼자 던지고 받는 것에 익숙해지면 두 명이 서로 던지고 받는 것에 도전해본다. 혼자 할 때보다 고려해야 할 것이 더 많아지면서 더 집중하게 되고, 성공했을 때 환호와 기쁨도 배가된다.

17
바른 자세
따라잡기

뛰지 말고 꼿꼿한 자세로 트랙을 돌아요!

#신체감각 #집중력 #자기관리

머리 위에 올린 물건이 떨어지지 않도록 바른 자세로 친구를 따라잡는 모습
사각트랙을 돌면서 친구를 따라잡아야 하는데, 관건은 친구를 따라잡는 것이 아니라 머리에 올린 물건을 떨어뜨리지 않는 바른 자세의 유지이다.

● 준비물　마스킹테이프, 타이머, 콩주머니(또는 플라스틱 접시나 책 등)

함께 놀이해요! -

1. 두 팀으로 나눠서 각 팀의 첫 번째 주자가 팀별 출발 자리로 간다.
2. 콩주머니(또는 플라스틱 접시나 책 등)를 머리에 올린 상태로 선을 따라 걷는다.
3. 서로 반대쪽에서 출발하는데 따라잡는 쪽이 승리이다.
4. 단 중간에 머리 위에 올린 물건이 떨어지면 바로 지게 된다.
5. 더 많이 승리한 팀이 최종 승리한다.

나쌤의 수업 나눔과 성찰

바른 자세와 집중력, 민첩성 등이 요구되는 놀이를 준비했습니다. 머리 위에 콩주머니를 올리고, 교실 속 작은 트랙을 돕니다. 먼저 마스킹테이프로 교실 바닥에 트랙과 돌아야 하는 방향을 표시했습니다. 머리에 얹은 콩주머니가 먼저 떨어진 쪽이 집니다. 또는 상대팀에게 따라잡힌 경우에도 집니다. 뽑기로 대결했습니다. 최종적으로 1등 민서, 2등 지호, 3등 다율이가 명예의 전당에 당당히 이름을 올렸습니다.

놀이 확장 TIP　트랙을 다양한 모양으로 만들어 놀이를 발전시켜본다. 삼각형, 원, 오각형 등 수학 시간에 배운 다양한 도형의 모양으로 하여 대결해보면 더 좋다. 자기 자신과의 대결 형태로 운영해보는 것도 좋다. 5바퀴 도는 데 걸리는 시간을 측정하되, 중간에 떨어지면 +10초 등을 넣어도 흥미진진해진다.

18
책상
블랙홀 놀이

 구멍으로 공이 '쏙' 빨려 들어가면 포인트!

#신체감각 #집중력 #자기관리

곤인? 노골?

됐어~!

책상 끝 구멍에 정확하게 들어가도록 공을 신중하게 굴리는 모습
미리 몇 번 굴려보면서 가장 적당한 구멍 크기를 결정하는 것이 좋다. 너무 시시하면 아이들이 금세 흥미를 잃고, 너무 어려워 실패만 반복되면 좌절감으로 놀이에 참여하려는 의욕이 떨어진다.

● 준비물 책상, 탱탱볼

함께 놀이해요! -------------------------------

1. 책상 4개를 연결해서 공을 굴릴 레일을 만든다.
2. 끝에 책상 3개를 붙여 들어가면 성공이 되는 구멍을 만든다.
3. 모둠별로 돌아가며 공을 굴린다.
4. 익숙해지면 여러 방향에서 동시에 굴려서 먼저 들어간 팀이 더 높은 점수를 받는
   형태로 진행할 수 있다.

나쌤의 수업 나눔과 성찰

부산에서 근무하시는 조디샘의 놀이를 응용했습니다. 우리 반 아이들의 특성
을 고려해 단순화해서 진행한 것입니다. 조디샘의 방식은 4곳에서 동시에 해
서 먼저 들어간 사람이 승리하는 형태였는데, 우리 반은 1학년이라 한 모둠씩
돌아가며 하는 방식으로 했습니다. 책상 4개를 연결해서 레일을 만들었습니다.
그러고 나서 들어가면 점수를 받는 구멍도 만들었죠. 1모둠부터 돌아가며 도전
하고, 총 3바퀴를 돌면서 놀았습니다. 단순한 놀이인데도 아이들이 엄청 열광
합니다. 놀이의 세계는 정말 끝이 없는 것 같습니다.

놀이 확장 TIP 아이들이 한층 능숙해지면 중간에 장애물을 설치한다. 축
구에서 프리킥을 할 때 선수들이 차단벽을 쌓는 것처럼 말이다. 굴리는 것이 아
니라 튀겨서 장애물을 뛰어넘은 후 구멍에 들어가도록 도전해도 재미있다.

□저학년 ■중학년 □고학년 ■전학년   ■개별 □짝 ■모둠 ■전체

19

순서대로
풍선 엘리베이터

 손, 머리, 어깨… 순서대로 터치! 터치!

#신체감각 #집중력 #자기관리

> 이번엔 어깨~

> 잘한다~!

신체 부위별로 순서를 정해 풍선을 팅기며 살리는 모습
풍선이 공중에 오래 머물수록 이기지만, 엘리베이터 놀이인 만큼 순서를 지키지 않고 엉뚱
한 곳에 터치할 경우에는 아웃. 본격적인 시작 전에 연습할 시간을 주는 것이 좋다.

● 준비물 풍선

1. 개인별로 풍선을 1개씩 준비한다.
2. 먼저 각자 풍선을 띄우는 연습을 한다.
3. 손바닥-머리-어깨-가슴-무릎-등-발 순서대로 띄우는 연습을 한다.
4. 각 순서를 성공할 때마다 1점씩을 받는다. 한 번에 성공하기 어려우면 여러 번 도전할 수 있다. 예를 들어 머리로 치는 것을 성공한 후 어깨로 치는 것에 도전하는 상황일 때는 머리로 띄운 후 다시 도전하는 것은 괜찮지만, 이전 단계인 손바닥으로 띄우는 것은 안 된다.

나쌤의 수업 나눔과 성찰

엘리베이터가 층별로 움직이듯 풍선을 순서대로 치는 놀이를 해보았습니다. 이번에는 개인전입니다. 개인 기록을 더해서 모둠 점수로 합산하기로 했습니다. 성공할 때마다 1점. 처음에 손바닥으로 풍선을 공중에 띄웁니다. 다음은 머리, 어깨, 가슴, 무릎, 등, 발 순서대로 칩니다. 순서를 지키지 않으면 바로 끝입니다. 발까지 성공하면 다시 손바닥으로 쳐서 같은 과정을 반복하면 됩니다. 여러 가지를 함께 신경 쓰면서 해야 하기 때문에 집중이 필요하죠. 특히 순서가 가장 어렵습니다. 가장 좋은 방법은 모둠 친구들이 순서를 말로 크게 알려주면 됩니다. 전략이 필요한 순간입니다. 더 잘하기 위해 작전회의 시간을 가진 후 도전했습니다. 2번씩 해서 더 높은 점수로 했습니다. 현준이가 유독 자신감을 보이더니 15개나 성공해서 친구들의 큰 박수를 받았습니다.

놀이 확장 TIP 모둠별로 띄우는 순서를 정해서 안내하고 놀이를 한다. 자기 모둠에 유리한 방법을 생각해 놀이하고 점수를 더해 승부를 낼 것을 추천한다.

□저학년 □중학년 □고학년 ■전학년　　　□개별 □짝 ■모둠 ■전체

20
고리
착륙 작전

날아오는 고리를 스틱에 무사히 착륙시키자!

#신체감각 #집중력 #협력 #공동체 #의사소통

날아오는 고리를 백업스틱으로 받기 위해 집중하는 아이들의 모습
고리를 던지는 쪽과 받는 쪽의 호흡이 매우 중요한 놀이 활동이다. 공동의 목표를 세우고
달성하게 하면 한층 흥미진진하게 놀이할 수 있다.

● 준비물 백업스틱(없으면 빗자루나 우산), 고리, 타이머

1. 팀을 나눈 후에 백업스틱으로 받을 사람과 고리를 던질 사람을 각각 정한다.
2. 놀이를 시작하기 전에 고리를 던지고 백업스틱으로 받아내는 연습을 한다.
3. 순서대로 돌아가면서 고리를 던진다.
4. 정해진 시간 동안 받아낸 고리가 팀의 점수가 된다.
5. 역할을 바꾼 후 같은 방법으로 놀이를 한다.

나쌤의 수업 나눔과 성찰

백업스틱과 고리를 이용한 놀이를 했습니다. 4명 한 모둠으로 2명은 고리를 던지고, 나머지 2명은 받습니다. 정해진 시간 동안 받은 개수가 모둠 점수로 했습니다. 활동이 끝난 후 정리까지 잘 해야 더 높은 점수를 받습니다. 2모둠은 정리를 제대로 안 해서 감점을 받았죠. 놀이를 하는 것도 중요하지만 사용한 도구를 소중하게 생각하며 정리하는 것도 가르치고 싶습니다. 단순하지만 생각보다 재미있고, 순간 집중력을 크게 이끌어내는 흥미진진한 놀이입니다.

놀이 확장 TIP 백업스틱을 고정해두고 돌아가면서 던져서 걸어보는 방식으로 대결해본다. 또 학급 전체가 하나씩 고리를 모두 거는 데 걸리는 시간을 단축하는 학급 공동의 목표를 세우고 도전해보는 놀이로 확장해보는 것도 공동체의식을 높일 수 있어 추천한다.

21
후프 동굴
통과 작전

엉금엉금, 아슬아슬~ 가장 빨리 통과하는 팀은?

#신체감각 #집중력 #문제해결 #공동체

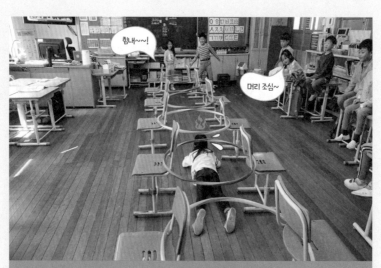

힘내~~!

머리 조심~

낮은 포복 자세로 후프 동굴을 통과하는 모습
아무리 즐거운 놀이도 안전에 우선할 순 없다. 교실 바닥을 기다가 가시가 박히지 않도록
바닥의 상태를 미리 점검해둔다.

● 준비물 의자, 훌라후프, 타이머

1. 의자 2개와 훌라후프 1개를 이용해서 후프 동굴을 1개를 만든다.
2. 공간을 활용해 후프 동굴을 최대한 많이 만들어서 통과(위, 아래 중 선택)하는 연습을 한다.
3. 먼저 후프 통과 개인 대결을 한다. 후프에 닿을 때 마다 10초씩 추가하는 방식으로 해서 통과하는 데 걸린 시간으로 대결한다.
4. 모둠 또는 학급 전체가 통과하는 데 걸린 시간을 측정해본다.
5. 반복했을 때 최종 시간을 얼마나 단축했는지를 기준으로 대결해도 좋다.

나쌤의 수업 나눔과 성찰

의자 2개에 훌라후프를 걸어서 후프 동굴을 만들었습니다. 후프 아래로 통과해도 좋고, 위로 넘어가도 좋습니다. 아이들 각자 원하는 방식대로 선택하게 했습니다. 갔다가 돌아오면 다음 사람이 바로 이어서 출발합니다. 모두 통과해서 돌아오는 데 걸리는 시간을 측정했습니다. 단, 훌라후프에 몸이 닿을 때마다 10초씩 추가, 다른 모둠이 도전할 때 일어서거나 방해하면 1분 추가 등의 규칙을 넣어서 진행했습니다. 승패의 결과와 관계없이 서로 응원하며 함께 엄청 재미있는 시간을 보냈습니다.

놀이 확장 TIP 상황을 조금 더 재미있게 만들어볼 수 있다. 예컨대 후프 동굴을 통과하는 중간중간 다른 장애물을 몇 개 넣어보는 것이다. 영화 〈인디아나 존스〉처럼 줄넘기에 물병을 넣어서 의자 위에서 좌우로 흔들어서 걸리지 않게 기다렸다가 통과하는 방식으로 하면 더 재미있다.

22
달려라! 풍선이 떨어지기 전에

 풍선이 떨어지기 전에 달리고 하이파이브!

#신체감각 #집중력 #협력 #공동체

풍선을 쳐올리려 준비하는 모습
풍선을 최대한 높이 쳐올려야 반환점에서 다음 사람이 잡을 때까지 땅에 떨어지지 않는다.
놀이에 익숙해질수록 반환점을 점점 멀리 두고 난도를 높여 놀이할 수 있다. 함께하는 친구
와의 호흡도 매우 중요하다.

● 준비물 풍선, 마스킹테이프, 콘

함께 놀이해요!

1. 양쪽에 출발점을 콘이나 마스킹테이프로 표시하고, 그 중간 지점(풍선을 띄우는 지점)을 표시한다.
2. 풍선을 가지고 달리다 중간에 풍선 띄우는 지점에서 최대한 높게 띄운 후 반대편으로 달려가서 다음 사람에게 하이파이브를 한다.
3. 다음 사람은 하이파이브를 한 직후 달려서 풍선이 바닥에 떨어지기 전에 돌아와서 출발점에 가지고 오면 성공으로 1점을 얻는다.
4. 같은 방법으로 받지 못할 때까지 얻은 점수를 더한다.
5. 성공하면 출발점과 반환점의 거리를 조금씩 늘려간다.

나쌤의 수업 나눔과 성찰

출발선에서 대기하다 힘차게 달립니다. 풍선이 바닥에 떨어지면 아웃! 따라서 높게 던져야 하고, 빨리 달려야 합니다. 이 두 가지가 함께 잘 유지되어야 계속 성공할 수 있습니다. 첫 번째 주자가 손바닥을 쳐주면 대기자는 바로 달려서 풍선이 떨어지기 전에 손바닥으로 쳐서 공중에 띄우고 다시 달려와 반대편 대기자의 손바닥을 칩니다. 이와 같은 방식으로 땅에 떨어질 때까지 반복합니다. 순발력, 집중력, 팀 협동, 전략 등을 골고루 연습할 수 있는 놀이입니다.

놀이 확장 TIP 풍선을 띄운 숫자만큼 점수를 받는다. 잡지 않고 손바닥으로 바로 쳐서 올렸을 때 점수를 두 배로 하면 놀이 흐름이 끊어지지 않고 한층 속도감 있게 전개된다. 정해진 시간 동안 도전해서 성공한 숫자만큼 점수를 얻는 방식으로 하고 놀이 후 아이들과 함께 점수를 계산하면 자연스럽게 덧셈도 연습할 수 있어 좋다.

□저학년 □중학년 □고학년 ■전학년   ■개별 ■짝 ■모둠 ■전체

23
한 줄씩
나아간 만큼

 달걀판의 한 줄씩, 차근차근 앞으로 전진!

#신체감각 #집중력 #자기관리

탁구공들을 띄워서 다음 줄로 이동시키는 데 집중하는 모습
생각보다 고도의 집중력을 요구하는 놀이이다. 마음만 앞서 서두르다가는 공을 앞줄로 제
대로 이동시키기 어렵다. 숨까지 참으며 놀이에 집중하는 모습을 볼 수 있을 것이다.

● 준비물　탁구공, 계란판(30구짜리)

함께 놀이해요!

1. 계란판에 탁구공 6개를 한 줄로 놓는다.
2. 살짝 힘을 주어 공을 띄워 한 줄 앞으로 이동시킨다.
3. 바닥에 떨어지거나 더 앞으로 이동한 공은 빼고 정확하게 한 줄 앞으로 이동한 공만 점수로 인정한다.
4. 맨 끝까지 갔다면 다시 거꾸로 돌아오는 것에 도전한다.
5. 더 이상 이동시킬 탁구공이 없을 때까지 반복한 뒤에 점수를 계산한다.

나쌤의 수업 나눔과 성찰

원래는 탁구공 한 줄(6개)을 다음 칸으로 모두 이동시켜야 하는 것으로 활동하려고 했습니다. 하지만 이는 어른들도 쉽지 않죠. 그래서 놀이를 변형하여 6개를 다음 칸으로 이동시키며 이동에 성공한 것만 점수로 인정했습니다. 예를 들어 4개를 이동하는 데 성공했으면 4점을 받고, 4개만 다음 칸으로 이동시킵니다. 이런 식으로 맨 끝까지 이동하면서 점수를 쌓아가는 것으로 했습니다. 5분 정도 연습한 후 모둠 대결을 했습니다. 이 놀이는 신중하게 일정한 힘으로 이동시키는 차분함과 집중력, 실패에 대한 초연함이 관건입니다. 놀이를 통해 가르칠 수 있는 것들이 정말 많아서 좋습니다.

놀이 확장 TIP 개인전을 한 후에 모둠대결로 어떤 모둠이 더 높은 점수를 얻는지에 도전한다. 그 이후에 학급 전체 기록에 도전하는 것으로 발전시켜볼 것을 추천한다. 학급 공동의 목표를 정하고 기록 경신에 매일 도전하는 것도 재미있다.

24
최고의
검술사

 진정한 고수라면 집중 또 집중해야겠죠?

#신체감각 #집중력 #자기관리

오~~~!

한 방에
쓰러뜨리겠어~!

집중해서 단번에 컵을 쓰러뜨리는 모습
검을 크게 휘둘러야 하는 만큼 혹시 휘두르다가 스틱에 맞거나 아니면 날아가는 컵에 구경
하던 친구가 얻어맞지 않도록 충분한 활동 공간을 확보하고 시작한다.

● 준비물 컵 쌓기 2세트, 백업스틱(또는 뿅망치)

함께 놀이해요! ▶

1. 백업스틱이나 뿅망치 등으로 검을 하나씩 준비한다.
2. 컵을 2단으로 잘 쌓는다.
3. 도전자는 온 정신을 검 끝에 집중한다.
4. 단 한 번의 검술로 컵을 쓰러뜨린다.
5. 한 번의 시도로 더 많은 컵을 쓰러뜨리는 사람이 최고의 검술사가 된다.

나쌤의 수업 나눔과 성찰

백업스틱과 플라스틱 컵을 준비했습니다. 5학년 아이들과 할 때는 받침대 13개, 목표물 12개를 준비했는데, 1학년 버전으로 받침대 8개, 목표물 7개를 쌓았습니다. 목표물인 컵만 점수로 인정하고, 만약 받침대를 날리면 감점입니다. 정확하게 목표물 7개를 날린 최고의 검술사가 4명이나 나왔습니다. 놀이를 시작하기 전에 다른 모둠이 검술을 할 때 자리에서 일어나면 5점을 감점하기로 약속했습니다. 그런데 이것이 승부처가 될 줄이야! 하루하루 재미있는 놀이로 아이들과 행복하고 의미 있는 시간을 보내고 있습니다.

놀이 확장 TIP '집중'을 주제로 하는 놀이이다. 때로는 집중했지만, 결과가 좋지 않아 실망하게 되는 경우가 있다. 따라서 시간 여유가 있다면 단판승부보다는 동서남북 4곳에 목표물을 설치한 후 돌면서 4번 검술을 시도한 후 가장 좋은 결과 또는 모든 결과를 더해서 승부를 내는 방법도 권장할 만하다.

소중한 너와 나,
우리는 서로 존중해!

자존감은 자기 자신에 대한 존중이며, 스스로에 대한 긍정적 기대감이 높은 것을 의미합니다. 자존감이 높을수록 자신과 주변 상황에 대해 최대한 긍정적으로 인식하고, 좋은 결과를 기대하는 만큼 최선의 노력을 다하게 되죠. 자존감은 배움에도 큰 영향을 미칩니다. 배움에 임할 때도 쉽게 포기하지 않고 스스로 바라는 목표를 이룰 수 있다는 믿음으로 노력할 테니까요. 따라서 어떤 어려운 과제가 주어지든 포기하지 않고, 또 설사 실패해도 쉽게 좌절하지 않습니다. 이처럼 자존감은 "난 할 수 있어!" 하는 마음으로 스스로를 재정비하며 새로운 방법을 모색하는 원동력이 되죠. 나아가 높은 자존감은 타인에 대한 존중으로도 이어집니다. 자기 자신이 소중한 만큼 타인도 소중한 존재로 여기게 되기 때문입니다. 여기에서는 소수 몇 명 아이들에게만 유리한 경쟁보다는 서로 존중하며 함께 공동의 목표를 달성하는 과정에서 재미와 성취감을 함께 경험하며 자존감과 상호 존중을 키워가는 놀이들을 모아 소개하고자 합니다.

2장

자존감과 상호존중
수업놀이

01
나와 우리의
이름은?

안녕, 친구야! 내 이름을 기억해줘~

#공동체 #의사소통 #상호존중

그리고
내 이름은…

앞선 친구들의 이름과 자신의 이름을 말하는 모습
중요한 것은 친구의 이름을 알아가는 것이며, 기억력 테스트 그 자체가 목적이 아님을 아이
들에게 먼저 알려주고 시작하는 것이 좋다.

● **준비물** 의자나 원 마커, 토킹스틱

함께 놀이해요! ▶ -

1. 바닥이나 의자에 둘러앉고 출발 순서를 정한 후, 첫 사람부터 이름을 말한다.
2. 두 번째 사람은 첫 번째 사람의 이름을 말한 후 자신의 이름을 말한다.
3. 중간에 말하지 못하는 경우가 생기면 그 사람부터 이어서 한 바퀴를 돌아본다.
4. 익숙해지면 이름에 좋아하는 것 1가지를 추가한다. "○○을 좋아하는 ☆☆입니다.", "○○을 좋아하는 ☆☆ 옆에, ◆◆를 좋아하는 △△입니다." 식으로 이어간다.
5. 또 익숙해지면 좋아하는 것 1가지에 싫어하는 것 1가지를 추가해서 해본다.

나쌤의 수업 나눔과 성찰

공동체 놀이로 처음 사람이 "나는 ○○야"라고 하면 다음 사람이 이어서 "나는 ○○ 옆에 있는 □□야"라고 이어서 말하는 방식입니다. 중간에 끊어지지 않고 어디까지 갈 수 있는지 알아봅니다. 놀이를 시작하기 전에 공동의 목표를 세워도 좋지만, 무엇보다 친구들의 이름을 기억하고 계속 말해주는 것이 참 좋습니다. 좋아하는 것과 싫어하는 것을 추가 미션으로 넣을 수도 있지만, 이 사례는 1학년 아이들과 함께 한 거라 이름만 정확하게 해서 실수하지 않고 한 바퀴 돌아보는 것에 도전해보았습니다. 중간에 몇 명이 실패하기는 했지만, 20명 중에 17명이 성공했습니다. 이 정도면 엄청 잘했다는 생각입니다. 다음에 서로 좋아하는 것까지 추가해서 도전해보고 싶습니다.

(**놀이 확장 TIP**) 단원 마무리 시간에 배운 내용 중 기억에 남는 것 한 가지를 말한다. 앞 사람이 말한 것에 이어서 말하다 보면 자연스럽게 단원에서 중요하게 생각하는 것들을 반복해서 말하고 듣게 되므로 효과적인 복습이 된다.

02
심리게임,
인디언 포커

친구의 마음을 읽으면 내 카드가 보여요

#문제해결 #창의융합 #언어와 상징 #지식정보처리

난 베팅~!

콜~?

자신은 모르는 상태로 상대방에게 자신의 카드를 보여주는 모습
나는 내 카드를 볼 수 없지만 상대방은 내 카드를 볼 수 있다. 상대방의 카드와 표정을 보면
서 대결하는 활동이다. 심리게임이므로 카드를 나눠주는 딜러나 주변에서 구경하는 친구
들은 비밀 유지를 위해 표정 관리에 유의하도록 당부한다.

● **준비물** 트럼프 카드(1~10) 2세트, 공깃돌이나 바둑알 20개씩 2세트

함께 놀이해요!

1. 세 명이 한 조가 되어 두 사람은 대결하고 한 명(딜러 역)은 카드를 나눠준다.
2. 딜러가 트럼프 카드(1~10) 2세트를 준비한다.
3. 공깃돌이나 바둑알 등 칩을 20개씩 받는다.
4. 카드를 하나씩 받으면 기본으로 칩을 1개씩 낸다.
5. 기본 베팅 방법은 다음과 같다.
   - 베팅: 더 베팅하고 싶으면 1개 이상 내기
   - 콜: 멈추고 싶으면 상대방이 놓은 것과 똑같이 내기
   - 포기: 질 것 같으면 포기하기
6. 가진 칩이 모두 없어지면 지는 게임이다.
7. 역할을 바꿔서 다시 게임을 하고 소감을 나눈다.

나쌤의 수업 나눔과 성찰

트럼프 카드와 공깃돌(또는 바둑알)만 있으면 언제든 할 수 있는 재미있는 활동입니다. 옆에서 보면 바보 같아 보이지만, 막상 직접 해보면 내 카드를 볼 수 없기 때문에 답답함을 느끼며 상대의 표정에 더욱 집중할 수밖에 없습니다. 상대가 자신 있게 베팅하는 모습에 지레 포기하거나 상대방의 카드를 확인할 때 표정 관리를 잊은 채 무심코 탄식하는 모습도 볼 수 있죠. 놀이하는 내내 재미있는 심리전이 펼쳐집니다.

놀이 확장 TIP 머리 위에 올린 카드에 적힌 내용이 무엇인지 상대방에게 질문(답은 YES OR NO)을 해서 답을 알아내는 방식으로 학습과 연계할 수 있다.

03
나를 맞혀 봐 퀴즈

 나는 누구일까? 서로를 조금씩 알아가는 시간

#언어와 상징 #지식정보처리 #공동체 #의사소통

딩동댕~

자신에 대해 퀴즈를 내고 친구들에게 알아맞히게 하는 모습
자신을 잘 나타낼 수 있는 내용으로 퀴즈를 준비한다. 교단으로 나가서 퀴즈를 내면 친구들이 손을 들고 맞히는 활동이다.

● 준비물 자기소개용 키워드 카드, 뿅망치

함께 놀이해요!

1. 자신에 대한 퀴즈를 준비한다. 친구들이 잘 알고 있는 내용은 제외한다.
2. 앞으로 나와서 뿅망치를 들고 문제를 낸다. 맞히면 간단한 상품을 주고, 틀리면 뿅망치 벌칙을 준다.
3. 한 문제당 한 번씩만 답할 수 있다.
4. 정해진 문제를 모두 내고 맞히면 자신을 간단하게 소개(키워드 카드를 보여주면서)하고 다음 사람으로 교대해서 진행한다.

나쌤의 수업 나눔과 성찰

새학기 등 서로에 대해 잘 모르는 상태에서 하면 더 좋은 놀이입니다. 특히 새로 전학생이 왔을 때 하면 서먹함을 빠르게 해소하고 친밀함을 갖게 할 수 있습니다. 사실 전학생이 오면 둥그렇게 앉아서 교실 놀이를 할 수도 있고, 질문을 하고 답변할 수도 있습니다. 또 일반적인 자기소개 시간을 가질 수도 있죠. 하지만 고학년은 이러한 활동이 오히려 부담될 수 있습니다. 그래서 JTBC 예능 프로그램인 〈아는 형님〉에 나오는 '나를 맞춰 봐 퀴즈'로 전학생과 함께 즐겁게 서로에 대해 관심을 가지고 알아볼 수 있는 활동을 해봤습니다. 자연스럽게 전학 온 친구에 대해 알아가며 교실에는 웃음꽃이 피었습니다.

놀이 확장 TIP 같은 물음에는 한 번씩만 대답할 수 있게 하면 많은 학생이 참여할 수 있다. 가장 많이 맞히거나 정확하게 답을 한 친구에게 사탕 등 간단한 선물을 주게 하는 방법도 좋다.

04
커튼이
열리면

커튼이 열리고 '짠' 등장한 친구는 누구?

#협력 #공동체 #의사소통 #집중력

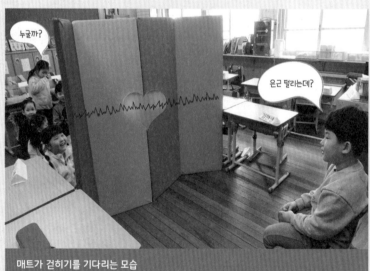

매트가 걷히기를 기다리는 모습
그저 넓은 천이나 매트에 불과할 뿐이지만, 이런 장치를 통해 '짠' 하고 등장하는 모습에서
아이들의 관심과 주의를 이끌어내는 데 매우 효과적이다.

● **준비물** 커튼을 대신할 큰 보자기나 돗자리, 매트 등

함께 놀이해요!

1. 팀을 나누고 커튼(또는 매트) 뒤에서 기다릴 순서를 정한다.
2. 커튼(또는 매트)이 닫히면 한 명씩 나와서 준비한다.
3. 커튼(또는 매트)이 열리면 먼저 이름을 말하는 사람이 승리한다.
4. 익숙해지면 커튼(또는 매트) 뒤 여러 명의 친구 이름을 커튼(또는 매트)이 열리고 바로바로 대답하는 것에 도전한다.

나쌤의 수업 나눔과 성찰

사회적 기술 중 대인관계를 발전시키는 데 좋은 방법으로 자주 소개하는 것이 바로 상대방의 이름을 기억해서 부르는 것입니다. 일명 '까꿍 놀이'로 알려져 있는 놀이의 이름을 바꿔서 '커튼이 열리면' 놀이를 준비했습니다. 돗자리 같은 천을 준비하지 못해서 매트로 했습니다. 매트가 내려가면 앞에 있는 친구의 이름을 먼저 말하는 쪽이 이기는 것으로 정했습니다. 남학생과 여학생으로 나눠서 진행했고, 모두가 1번씩은 할 수 있게 했습니다. 결과는…여학생이 6점, 남학생이 7점으로 최종 남학생의 승리로 끝났습니다. 내일은 연속해서 5명의 이름을 외치는 사람은 이름을 잘 외운 것으로 명예의 전당에 올리는 것까지 도전해볼 예정입니다.

놀이 확장 TIP 기존 놀이에 익숙해지면 대결을 할 사람은 커튼을 가운데 두고 팀원들을 바라보고 앉는다. 커튼이 내려가면 팀원들이 설명해주는 상대방을 맞히는 것으로 응용할 수 있다. 뒷모습, 입고 있는 옷 등에 대한 설명을 듣고 맞혀야 되므로 한층 집중해서 관찰해야 한다.

05

나는 너를 본다,
I See You

 서로 눈만 마주쳐도 웃음꽃이 활짝 피어요~

#공동체 #의사소통 #상호존중 #집중력

1분 동안 친구의 눈만 보면서 그림을 그리는 모습
종이에 펜을 올린 후 상대방의 눈을 바라보고 1분 동안 최대한 비슷하게 그린다. 상대방의 눈에서 시선을 떼면 그리는 동작을 멈춰야 한다.

● 준비물   A4용지(또는 도화지), 사인펜이나 매직

함께 놀이해요!

1. A4용지(또는 도화지)를 한 장씩 받는다.
2. 사인펜 등으로 상대방의 얼굴을 그린다. 이때 종이를 내려다보면 안 되고 1분 동안 상대방의 눈만 보면서 그린다.
3. 그림을 완성하고 나면 귀 근처에 말풍선을 그리고, 그 친구에게 해주고 싶은 긍정의 말을 쓴다.
4. 입 근처에 말풍선을 그리고, 그 친구에게서 듣고 싶은 말을 쓴다.
5. 그림을 교환하고 소감을 나눈다

나쌤의 수업 나눔과 성찰

짝과 함께할 수 있는 재미있는 활동입니다. 시작하는 순간부터 웃음꽃이 활짝 핍니다. 눈을 깜빡이는 것도 안 되는 줄 알았는지 눈을 엄청 크게 뜨고 활동에 집중하는 아이들의 모습을 볼 수 있었습니다. 1분이 지난 후 그림을 보면 또다시 웃음꽃이 활짝 피어납니다. 짧은 시간이지만 특징을 잘 살려서 그린 그림들이 있어서 박수를 받기도 했습니다. 친구에게 해주고 싶은 말과 듣고 싶은 말을 소개하는 모습에서 평소 자주 하는 말과 친구 관계도 파악할 수 있었던 시간이었습니다.

놀이 확장 TIP   정해진 시간이 지난 후 상대방에게 해주고 싶은 말과 듣고 싶은 말을 적어서 선물로 주는 활동으로 확장할 수 있다. 친구가 그려준 얼굴에서 가장 마음에 드는 부분을 학급 전체에 소개할 수도 있다.

06
칭찬 스티커 점이 생겼어요

서로의 얼굴에 칭찬스티커를 붙여요

#공동체 #의사소통 #상호존중 #자존감

가위바위보를 해서 이기면 진 친구에게 스티커를 붙이는 활동 모습
신나는 음악이 나오면 자리에서 일어나서 친구들을 만난다. 가위바위보를 하고 이긴 사람이 진 사람 얼굴에 칭찬의 말과 함께 스티커 한 개를 붙인다.

● 준비물 다양한 모양의 스티커, 경쾌한 분위기의 BGM

 함께 놀이해요! -

1. 모든 학생에게 스티커(다양한 색과 모양)를 5개씩 나눠준다.
2. 경쾌한 음악을 들으며 돌아다니다가 매번 다른 학생과 만나 가위바위보를 한다.
3. 이기면 칭찬의 말과 함께 자신이 가지고 있는 스티커를 상대방의 얼굴에 붙여준다. 얼굴에 붙일 수 없는 상황이면 손등에 붙이면 된다.
4. 가지고 있는 스티커를 모두 사용하면 처음에 앉았던 자리로 돌아와 끝났음을 알린다.
5. 모든 학생이 자리로 돌아가 앉으면 한 명씩 얼굴을 감상하는 시간과 함께 소감을 듣는다.
6. 스티커가 많은 것이 좋은지 적은 것이 좋은지 손을 들어서 이유도 함께 확인해 본다. 서로 다른 생각과 가치를 가지고 있다는 것을 알 수 있다.

 **나쌤의 수업 나눔과 성찰**

신나는 음악과 함께 놀이가 시작되자 학생들이 들썩이며 열광합니다. 즐겁게 돌아다니며 친구와 가위바위보를 하다 보니 어느새 얼굴에 스티커 점이 한가득입니다. 처음의 어색함은 어느새 사라지고 웃음과 친밀감이 남았습니다.

놀이 확장 TIP 가지고 있는 스티커를 모두 사용하면 원래 앉았던 자리로 돌아와서 오늘의 추억을 기억에 남기기 위해 기념사진을 찍어본다. 그리고 아직 활동 중인 친구들을 응원하고 격려한다.

07
애벌레
칭찬 릴레이

꼬리에 꼬리를 무는 칭찬의 말!

- -

#공동체 #의사소통 #상호존중 #자존감

애벌레처럼 나란히 붙어 등 뒤에 칭찬 메시지를 쓰는 모습
등 뒤에 붙인 종이에 꼬리에 꼬리를 물고 칭찬의 말을 적어나간다. 활동을 마친 후 서로 어떤 말을 적었는지 확인한다.

● **준비물** 등 뒤에 붙일 종이(A4용지 등)와 테이프, 필기구

함께 놀이해요!

1. 모둠별로 한 마리 애벌레처럼 나란히 선다.
2. 서로의 등에 A4용지를 붙여준다.
3. 음악 시간에 배운 노래를 함께 부르거나 들으면서 서로의 등에 의미 있는 칭찬과 격려의 말을 써준다.
4. 정해진 시간 동안 활동을 하고 등 뒤의 칭찬 메시지를 확인한다.
5. 친구들과 선생님이 적어준 말 중에 가장 마음에 드는 말을 선택하고, 그 말을 선택한 이유를 이야기한다.
6. 친구가 뽑은 말을 다 함께 큰 소리로 말해준다.
7. 활동을 한 소감을 나눈다.

나쌤의 수업 나눔과 성찰

이 놀이는 활동이 끝날 때까지 등 뒤에 붙인 종이에 친구가 나에 대해 뭐라고 칭찬의 말을 적었는지 알 수 없는 점이 큰 재미를 줍니다. 또한 아이들은 바로 앞에서 말로 하는 칭찬보다 글로 써주는 활동에 더 진지하게 참여하는 모습입니다. 서로의 장점을 적어주기 위해 서로에 대해 생각하는 과정에서 서로를 좀 더 잘 알아가고 존중하게 되는 시간이었습니다.

놀이 확장 TIP 칭찬 메시지 중에서 '최고의 칭찬'을 선정하는 것도 좋다. 그러면 칭찬 메시지를 적을 때 친구가 좋아할 만한 말을 좀 더 곰곰이 생각하면서 쓰는 모습을 볼 수 있다. 가장 마음에 드는 말에 선정되었을 때 환호하고, 그 이유를 들으며 공감하는 동안 서로를 더 잘 이해하게 된다.

08
미션,
★명 모여라!

반갑게 만나서, 미션까지 클리어!

#집중력 #공동체 #의사소통 #상호존중

인원에 맞게 서로 모이는 아이들의 모습
아이들끼리 모일 때 혹시 친한 친구끼리만 계속 모여 놀이에서 소외되는 아이가 나오지 않
도록 배려하는 장치를 마련해둘 것을 추천한다.

● 준비물　신나는 리듬의 BGM, 넓은 공간

함께 놀이해요!

1. 전체가 원으로 손을 잡고 음악을 들으면서 돈다.
2. 음악이 멈추고 진행자가 부르는 숫자에 해당하는 사람들끼리 모인다.
3. 모인 후 간단한 미션을 수행한다.
4. 다음 활동을 위해 필요한 인원으로 팀을 만들 때까지 반복해서 활동한다.
5. 팀이 되지 못하면 나중에 들어가고 싶은 팀을 선택한다.
6. 정해진 시간이 되었는데 모두 앉지 않으면 다 함께 미션을 수행하는 것으로 한다.

나쌤의 수업 나눔과 성찰

아이들이 다양한 친구들과 그룹을 만들고, 재미있게 모일 수 있는 놀이를 했습니다. "☆명 모여라!"입니다. 아이들이 좋아하는 음악을 틀고, 신나게 춤을 춥니다. 음악이 멈추고 몇 명이 모일지 이야기하면 그 숫자대로 모여서 자리에 앉습니다. 함께 앉을 친구가 없으면 미션을 수행하고 다음 판을 합니다. 마지막에 남은 사람은 들어가고 싶은 그룹에 선택해서 들어갈 수 있습니다. 시간 안에 들어가야 미션을 수행하지 않습니다. 2명, 3명, 4명, 5명, 6명, 7명까지 숫자를 늘려서 모여봤습니다. 아이들이 엄청 즐거워합니다.

놀이 확장 TIP 방금 만났던 친구들이 최대한 없는 곳으로 이동해서 새로 그룹을 만드는 것을 원칙으로 하면 더 좋다. 또 다양한 친구들과 그룹을 만들면서 자연스럽게 친해질 수 있도록 같은 친구들과 연속으로 그룹을 만들지 못하게 하는 규칙으로 활동해도 좋다.

09
뭉치면 살고
흩어지면 죽는다!

우리는 진주! 조개! 불가사리!

#공동체 #청각자극 #집중력

어서 들어와~!

나는 진주~

조개 사이에 진주가 들어가서 기뻐하는 모습
만약 인원이 맞지 않으면 술래를 두 명으로 놀이할 수도 있다. 가능하면 좀 더 다양한 친구들과 만나며 활동할 수 있도록 하는 것이 좋다.

● 준비물　없음

1. 교실 운동장 대형(교실을 최대한 넓게 만들기)을 만든다.
2. 3인 1조가 되어, 두 사람이 양쪽에서 서로 손을 잡고 조개의 역할을 한다. 그 안에 나머지 한 명이 들어가 진주 역할을 한다.
3. 술래가 "조개."라고 외치면 조개끼리 자리를 바꾸고, 술래가 빈자리로 들어간다.
4. 술래가 "진주."라고 외치면 진주끼리 자리를 바꾸고, 술래가 빈자리로 들어간다.
5. 술래가 "불가사리."라고 외치면 모두가 역할을 바꾸고, 자리가 없으면 술래가 된다.
6. 활동 소감을 나눈다.

나쌤의 수업 나눔과 성찰

술래를 피해 서로 섞고 섞이는 과정에서 어느새 모두가 친해질 수 있는 활동입니다. 두 명이 손을 맞잡으면 다른 한 명이 그 속에 쏙 들어가는 설정이 재미있죠. 또 술래가 외치는 것에 해당하는 사람끼리 자리를 바꾸고, 때론 전체가 역할을 바꾸는 동안 다양한 친구들을 만나면서 친밀감을 쌓을 수 있습니다. 만약 한 번 만났던 사람과는 다시 만날 수 없다는 규칙을 넣으면 더 다양한 친구들을 만나면서 즐겁게 놀이할 수 있습니다.

놀이 확장 TIP　달걀을 소재로 진행할 수도 있다. 예컨대 노른자가 가운데에 들어가고, 흰자끼리 양쪽에서 손을 잡는다. 달걀프라이는 전체가 역할을 바꾸는 것으로 정하고 진행할 수 있다. 또 새, 둥지, 태풍으로도 진행할 수 있다. 예컨대 둥지끼리 서로 손을 맞잡으면 새가 그 속으로 들어가고, 태풍은 모두 역할을 바꾸는 것으로 진행할 수 있다.

10
신뢰의 원, 친구를 믿어요!

믿음 속에 싹트는 우리 우정!

#협력 #공동체 #상호존중 #자존감

얘들아, 너희만 믿을게~

눈을 감고 친구에게 의지해보는 활동 모습
눈을 가린 친구가 넘어져서 다치지 않도록 천천히 이동하도록 하는 것이 좋다. 넘어질 때 다치지 않도록 바닥에 매트를 깔고 활동한다.

● 준비물 푹신한 매트, 안대

- -

1. 7~10명씩 모둠(여학생은 여학생끼리, 남학생은 남학생끼리)으로 나누고, 부상 방지를 위해 바닥에 매트를 깐다.
2. 서로의 어깨가 닿을 정도로 신뢰의 원을 만든다.
3. 원 가운데에 들어간 사람은 안대를 착용하고(또는 눈을 감고), 팔로 자신의 몸을 감싼다.
4. 준비되면 가운데 들어간 사람은 몸에 힘을 빼고 신뢰의 원에 몸을 맡긴다.
5. 신뢰의 원을 이룬 친구들은 조금씩 움직이면서 가운데 들어간 친구가 쓰러지지 않도록 잘 받치며 옆으로 천천히 옮겨준다.
6. 가운데 들어가는 사람을 바꿔가며 모두 신뢰를 경험한다.

나쌤의 수업 나눔과 성찰

친구들 사이에서 믿음의 중요성을 온몸으로 체험해볼 수 있는 활동입니다. 놀이 과정에서 친구가 넘어지지 않도록 잘 받쳐주고, 또 친구들을 믿고 의지하는 과정에서 서로에 대한 두터운 신뢰를 쌓을 수 있습니다. 특히 처음에는 넘어질까 봐 무섭다며 못하겠다며 몸을 사리다가도 친구들이 잘 받쳐주는 모습을 지켜보면서 점차 용기를 내서 도전하는 아이들이 늘어납니다.

놀이 확장 TIP 꼭 성공만 하는 것은 아니며, 장난으로 친구를 밀어버리거나 하면 신뢰가 깨진다. 그런 경우 깨진 신뢰를 회복하기 위해서는 더 큰 노력과 책임이 필요함을 깨달을 수 있는 시간을 가져본다.

11

거울 놀이와
최면 놀이

우리가 서로에게 미치는 영향은?

#집중력 #시각자극 #갈등관리 #상호존중

자, 최면을
시작합니다~

최면술사가 최면을 거는 모습
최면술사 역할을 맡은 친구의 움직임에 따라 아이들이 재미난 모습을 연출하고 있다.

● 준비물　없음

함께 놀이해요!

● **거울 놀이의 방법과 규칙**

1. 두 명이 짝을 이뤄 가위바위보 등으로 거울과 거울에 비칠 상을 정한다.
2. 거울 역할을 하는 친구는 앞사람의 행동을 그대로 따라 한다.
3. 처음에는 작은 거울(얼굴 위주)로 시작하여 큰 거울(전신)로 확대한다.
4. 거울이 따라할 수 있도록 적당한 속도로 움직이게 한다.
5. 익숙해지면 볼록거울(더 크게 따라 하기), 오목거울(더 작게 따라 하기)로 진행할 수
   도 있다.

● **최면 놀이의 방법과 규칙**

1. 최면에 걸릴 사람과 최면술사를 뽑는다.
2. 최면술사의 손바닥에서 10cm를 유지하여 얼굴을 붙인다.
3. 최면술사의 움직임에 따라 재미있는 모습을 연출할 수 있다.
4. 숫자를 늘려 가면서 최면을 걸어 볼 수 있다.

나쌤의 수업 나눔과 성찰

친구들이 내가 하자는 대로 안 따라주면 상처받는 아이가 있습니다. 반대로 자
신의 생각은 전혀 없이 그저 친구가 하자는 대로 무조건 따라 하는 아이도 있죠.
거울 놀이와 최면 놀이를 통해 친구의 동작을 따라 하며 어떤 생각이나 느낌, 결
심을 했는지 이야기를 나누다 보면 모두의 생각이 서로 다를 수 있으며, 나와 다
른 생각도 존중해야 함을 알게 됩니다.

놀이 확장 TIP　놀이 중 갈등이 일어난 상황에 대해 함께 이야기해볼 시간을
갖는 것도 좋다.

12
지면 불편해지는 가위바위보

지는 것은 나쁜 것이 아니야!

#갈등관리 #자기관리 #상호존중

지면 자세가 조금씩 불편해지는 가위바위보 활동 모습

질 때마다 자세가 조금 불편해지는 활동이다. 자세를 다 외울 수 없기 때문에 칠판에 단계를 적어두고 하는 것이 좋다. 짝이 맞지 않으면 교사도 아이들 속으로 들어가서 함께 참여하면 좋다. 교사가 져서 바닥에 먼저 눕게 되었을 때 아이들이 더 마음을 활짝 여는 모습을 볼 수 있다.

● 준비물 신나는 분위기의 BGM

함께 놀이해요!

1. 짝을 정하고 가위바위보를 한다.
2. 질 때마다 상대방보다 자세가 점점 불편해지면서 교실 곳곳에 즐거운 곡성이 울려퍼진다. 규칙은 정하기 나름인데 예를 들면 한 번 지면 다리 모으기, 두 번 지면 한쪽 무릎 꿇기, 세 번 지면 양쪽 무릎 꿇기, 네 번 지면 한쪽으로 쪼그려 앉기, 다섯 번 지면 양쪽 다리 뻗기, 여섯 번 지면 바닥에 눕기(KO로 끝)다.
3. 이긴다고 해서 다시 위 단계로 올라오지 않는다. 상대방을 KO시키면 밖으로 나와서 다른 친구들을 지켜보는 시간을 갖는다.
4. 한 판 하고 나서 이긴 사람은 이긴 사람끼리, 진 사람은 진 사람끼리 대결하게 하면 다양한 친구들과 할 수 있게 된다.
5. 위의 과정을 반복하고 전체적인 소감 나누기를 한다.

나쌤의 수업 나눔과 성찰

경쟁에서 지면 세상이 무너진 것처럼 크게 좌절하는 아이들이 있습니다. 그래서 가위바위보 놀이로 지면 조금씩 자세가 불편해지는 방식으로 지는 연습을 해보았습니다. 신나는 음악에 맞추어 춤을 추다가 음악 소리가 멈추면 가장 가까이 있는 친구와 손을 잡고 가위바위보를 시작합니다. 지면 조금씩 자세가 불편해지다가 KO를 당하면 눕게 되죠. 이기면 경기장 밖으로 나와서 감상하면 됩니다. 굳이 말해주지 않았는데도 자신이 KO 시킨 상대에게 먼저 손을 내밀어 일으키는 아이들의 모습이 감동을 안겨준 놀이입니다. 놀이를 통해 사회적 기술을 더 많이 익힐 수 있다는 것을 새삼 실감했습니다.

놀이 확장 TIP 학교생활에서의 경쟁과 승부와 연계해 이야기를 나눠본다.

13

너와 나의
연결고리

 털실 뭉치와 함께 서로의 마음을 주고받아요!

#협력 #공동체 #의사소통 #상호존중

연결고리 완성~

털실 뭉치를 주고받으면서 서로 연결된 모습
놀이가 진행될수록 실이 서로 얽히고설키며 서로를 이어주는데, 마침내 모두가 털실 뭉치를 한 번씩 받게 되면 우리가 하나라는 느낌이 절로 든다. 활동이나 수업을 마무리할 때 활용하면 더 좋다.

● **준비물** 의자나 방석, 털실 뭉치, 가위

함께 놀이해요!

1. 실 뭉치를 갖고 있는 친구는 먼저 주제에 대한 이야기를 한다.
2. 이야기를 마치면 실을 자기 손가락에 건 후에 실을 가지고 잊지 않는 다른 친구에게 털실 뭉치를 던진다.
3. 한 명씩 돌아가며 모두가 실로 연결되면 활동 소감을 나눈다.
4. 활동이 끝나면 실을 정리하지 말고, 모양 그대로 바닥에 놓고 붙인다.
5. 바닥에 붙여놓은 실을 밟지 않고 통과하면서 새로운 놀이로 확장시킬 수 있다.

나쌤의 수업 나눔과 성찰

한 주를 마무리 하는 함행우[1] 좋아해 성장회의를 마친 후 이 놀이를 했더니 좀 더 의미 있는 시간이 되었습니다. 털실을 넘기면서 그동안 고마웠던 것을 서로 나눴습니다. 고마움을 표현하는 것이 쑥스럽기도 했지만 새삼 아이들의 따뜻한 마음이 느껴졌습니다. 더불어 저도 마음을 표현했습니다. 우리 반 동혁이에게 고마움을 표현하면서 털실 뭉치를 던졌죠. 다 연결된 털실은 가위로 잘라서 징표로 만들어 나눠 가졌습니다. 아이들이 소중히 간직했으면 좋겠습니다.

놀이 확장 TIP 손가락에 걸린 실을 살짝 바깥쪽으로 당기면 서로의 연결고리에서 힘을 느낄 수 있다. 가위로 실을 잘라 나눠 가지면서 서로 연결되어 있다는 상징으로 사용할 것을 추천한다. 처음에는 고마운 점을 이야기하면서 털실을 던지고, 다음에는 미안한 점을 이야기하면서 아까와 반대로 던지면서 다시 털실 뭉치를 원래 모습으로 만들면서 마무리하는 것도 좋다.

....
1. '함행우'는 '함께 있어 행복한 우리'라는, 필자가 맡은 학급을 일컫는 줄임말이다.

14
장점파티,
내 장점을 찾아래!

 내가 얼마나 괜찮은 사람인지 찾아봐요!

#공동체 #의사소통 #상호존중 #자존감

100개의 장점을 찾고 장점 파티하는 활동 모습
선정된 장점으로 포스터를 만들어서 발표하는 모습이다. 아이들은 주변의 도움을 받으니
어느덧 장점 100가지를 찾아낼 수 있었다고 했다.

● **준비물** 장점 100개를 적을 종이와 포스터로 만들 종이, 색연필이나 사인펜

함께 놀이해요!

1. 주변의 도움을 받으며 자신의 장점을 100가지 찾아 활동지에 적는다. 언제까지 찾을지 시간을 정해 모두 완성하는 것을 목표로 정하고 시작하면 좋다.
2. 정해진 날 100가지 장점을 찾은 기록지와 찾는 과정에서 느낀 소감을 적어서 제출하고 잘 보이는 곳에 게시해둔다.
3. 찾은 장점 100개 중에 가장 마음에 드는 5개의 장점을 고른다.
4. 선정된 장점을 그림과 글, 포스터를 만든다.
5. 동그랗게 둘러앉아 친구들에게 자신의 장점 포스터를 소개한다.
6. 소개가 끝나면 박수와 함께 격려의 말을 크게 해준다.

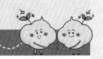

나쌤의 수업 나눔과 성찰

학급 전체가 모두 내는 것을 목표로 서로 찾아주고 도와주면서 100개를 모두 찾은 날, 성공 기념 학급 잔치를 함께하니 학급 전체 소속감을 높이는 데 큰 도움이 되었습니다. 자존감이 낮은 아이의 경우, 특히 교사, 친구, 부모님 등 주변에서 함께 적극적으로 찾아주면 좋습니다.

놀이 확장 TIP 친구의 장점, 우리 학급의 장점, 우리 학교, 우리 마을의 장점 등을 찾는 활동으로 확장시킬 수 있다.

15
미래 인터뷰, 달인을 만나다!

지금은 나의 미래를 미리 만나보는 시간

- -

#의사소통 #자존감 #자기관리 #창의적사고

미래의 나에게
질문?

자신의 미래에 대해 친구들의 질문을 받는 모습
타임슬립으로 나의 미래를 볼 수 있다면? 미래의 꿈을 담은 명함을 만들어보고, 이를 친구들에게 소개하며 질문도 받는 인터뷰 놀이이다.

● **준비물**　꿈 명함을 만들 종이와 사이펜, 매직 등 채색 도구

함께 놀이해요!

1. 2057년으로 날아가 꿈을 이룬 자신의 미래를 보았다고 상상해본다.
2. 자신이 미래에 하고 싶은 꿈을 담은 명함을 만든다.
3. 자신이 꿈을 이루었다는 상황으로, 40년 후인 2057년이라고 생각하고 〈달인을 만나다 2057년 버전〉으로 인터뷰를 준비하게 한다.
4. 꿈 명함을 소개하고 꿈을 이룬 사람에 대한 질문을 받고 답해본다.
5. 꿈 명함과 소개한 꿈에 대한 것으로 한정해서 질문하게 하는 것이 좋다. 예를 들어 의사로 아픈 사람들을 위해 열심히 봉사하고 있다고 발표했다면 "국경없는 의사회에서 활동 중이신데요. 아프리카에 강력한 전염병으로 사람들이 죽어가고 있다는데 가실 건가요?"라는 식으로 질문할 수 있다.
6. 전체 소개가 끝나면 기념 촬영을 하고 소감을 나눈다.

나쌤의 수업 나눔과 성찰

아이들에게 꿈이 없다고 다그칠 것이 아니라 꿈에 대해 생각하고 자신의 생각을 정리할 수 있는 시간과 기회를 줘야 합니다. 이번 시간에 아이들은 마치 시간여행을 한 듯 스스로 꿈을 이룬 상태라는 설정에 몰입하여 진지하게 인터뷰를 했죠. 오가는 질문과 대답 속에서 미래의 인생 계획을 한층 구체화할 수 있는 활동입니다.

놀이 확장 TIP　아이들이 적은 미래 인생 계획을 바탕으로 관련 직업인을 실제로 만나보는 등의 진로교육으로 연계할 수 있다.

16

과거! 현재! 미래! 인생 곡선 만들기

인생 곡선과 함께 소중한 추억을 떠올려요!

#의사소통 #자존감 #자기관리 #창의적사고

나는 여섯 살 때…

자신의 인생 곡선을 소개하는 모습
아직 초등학생인데 인생에 무슨 구구절절한 스토리가 있을까 싶지만, 인생 곡선 만들기는
잠시나마 스스로를 성찰할 수 있는 시간을 마련해주는 의미 있는 활동이다.

● 준비물 인생 곡선 그릴 종이와 필기구

1. 종이 중간 부분에 가로로 수평선을 긋는다.
2. 시간의 흐름에 따라 왼쪽에서부터 오른쪽으로 적는다.
3. 긍정적인 경우에는 수평선 위쪽, 부정적인 경우에는 아래쪽에 표시한다.
4. 그림이나 글로 관련 내용을 적고 이야기한다.
5. 활동 소감을 나눈다.

나쌤의 수업 나눔과 성찰

카지노에는 거울, 창문, 시계가 없는데, 이것들이 자신을 되돌아보게 하는 장치이기 때문이라고 합니다. 학생들에게는 자신을 되돌아볼 수 있는 시간과 기회를 갖는 것이 꼭 필요합니다. 인생 곡선 만들기를 통해 스스로의 삶을 돌아보며 긍정적이었는지 부정적이었는지를 생각하며 그림이나 글로 표현할 수 있습니다. 표현하는 것으로 만족하면 여기까지만 하고, 친구들에게 소개하고 싶으면 소개하고, 필요하면 격려와 위로도 해줍니다. 친구들의 이야기를 들으면서 더 많은 것을 배울 수 있습니다. 처음엔 장난처럼 임했던 아이들도 있었지만, 어느새 모두가 진지하게 참여한 활동이었습니다.

놀이 확장 TIP 불편한 기억이 떠오르면 싫은 느낌이 들 수 있다는 점을 아이들에게 먼저 이야기해주고 시작하면 좀 더 감정을 자유롭게 표현하게 할 수 있다. 인생 곡선을 통해 미래를 계획하는 활동으로 확장할 수 있다.

17
신문지 전쟁,
고민! 나쁜말! 사라져!

 듣기 싫은 말을 쓰고 찢고 던져볼까?

#공동체 #의사소통 #상호존중 #갈등관리

듣기 싫은 말이나 상처 등을 신문지에 쓰고 찢어서 던지는 모습
신문지 또는 이면지에 적은 듣기 싫은 말이나 상황을 찢고 던지는 동안 스트레스도 함께
날려버리는 즐거운 놀이다.

● **준비물** 신문지(또는 이면지, 다 쓴 활동지나 교과서 등), 매직

함께 놀이해요!

1. 조용한 음악과 함께 신문지에 자신의 고민, 어려움, 듣기 싫은 말 등을 쓴다.
2. 신나는 음악과 함께 신문지를 찢기 시작한다. 단계별로 발로 찢고 손으로 찢고 위로 던져본다.
3. 찢어진 신문지 조각을 뭉쳐서 신문지 눈싸움을 한다.
4. 넘어오면 안 되는 선을 만들고 정해진 시간 동안 상대편으로 던진다.
5. 이어 신문지 정리하기 대결을 한다. 신문지를 펴서 재활용 상자에 넣는다. 최종적으로 모든 정리를 끝내고 상대 모둠을 도와주는 팀이 승리한다.
6. 활동 소감을 나누거나 글쓰기를 한다.

나쌤의 수업 나눔과 성찰

신문지(또는 이면지) 듣기 싫은 말이나 스트레스가 되는 상황을 적어봅니다. 그리고 교실 바닥에 싫은 말과 상황이 적혀 있는 신문지를 가득 펼쳐 놓은 후 신나는 음악에 맞춰서 발바닥으로 찢어보고, 손으로도 찢어봅니다. 조각을 내서 공중에 던져도 보았습니다. 어느 정도 시간이 지나자 편을 나누어 신문지 눈싸움도 했죠. 최대한 멀리 던져도 봅니다. 어느새 마음에 쌓인 묵은 스트레스까지 싹 날려버린 놀이였습니다.

놀이 확장 TIP 찢고 던지는 것 못지않게 정리도 재미난 놀이로 발전시킨다. 미리 정리용 종이상자를 중간중간 마련해두면 금세 깨끗이 정리된다.

18
코드 스위칭,
다름 이해 놀이

우리는 모두 다르고 그래서 아름다워요!

#공동체 #의사소통 #상호존중 #갈등관리

> 엇, 웃으면 안 되는데~

> 10초만 기다려줄래?

서로 다른 문화를 경험하고 있는 모습
수업 시간에 세계 여러 나라에 대해 배운 후에 하면 훨씬 의미 있는 놀이가 될 것이다.

● **준비물** 서로 다른 문화 카드, 원 스티커

함께 놀이해요!

1. 5~10그룹으로 나누고 그룹마다 하나의 문화권이 되어 활동한다.
   - 그룹 1: 이야기할 때 눈을 똑바로 쳐다보면 안 되는 문화
   - 그룹 2: 대화할 때 고개를 끄덕거리면 안 되는 문화
   - 그룹 3: 대화할 때 일정 간격(1.5m) 떨어져서 말하는 문화
   - 그룹 4: 스킨십을 당연하게 여기는 문화
   - 그룹 5: 말할 때 웃으면 안 되는 문화
   - 그룹 6: 질문을 했을 때 10초 이상 기다려주는 문화
   - 그룹 7: 대화할 때 작은 소리로 조용조용 말하는 문화
2. 상대방이 내 문화에서 봤을 때 불쾌한 말이나 행동을 하면 스티커('당신이 나한테 문화적으로 상처를 줬다.'는 의미)를 붙인다.
3. 활동 후 각자 몸에 붙은 스티커의 수를 확인하고 소감을 나눈다.

나쌤의 수업 나눔과 성찰

바야흐로 다양성 시대입니다. 다르다는 이유로 서로를 배척한다면 서로의 발목만 잡을 뿐 함께 발전할 수 없습니다. 다름을 존중하는 것은 지금의 시대에 꼭 필요한 역량이죠. 사실 이 놀이는 《교실 속 자존감》(조세핀 킴 지음)에 나오는 활동을 학급 상황에 맞게 적용한 것이기도 합니다. 다름이라는 것을 이론이 아닌 활동으로 체험하고 나니 아이들은 이전보다는 서로를 조금 더 여유 있게 바라보게 된 것 같았습니다.

놀이 확장 TIP 우리 반 다름 목록을 만드는 활동으로 확장해보자. 놀이가 아이들의 삶과 어떻게 연결되어가는지를 볼 수 있다.

19

나는
누구일까요?

 우리 서로 질문으로 궁금증을 풀어보자!

#언어와 상징 #지식정보처리 #집중력 #의사소통

서로 궁금한 점을 질문하고, 질문에 대한 생각을 친구들과 나누는 모습
질문의 답을 알아맞히는 것보다는 질문을 통해 서로 더 알아가는 것이 중요한 활동이다. 정답에만 연연하면 자칫 불필요한 경쟁만 조장할 수 있다.

● 준비물 문제 카드, 필기도구, 타이머

함께 놀이해요!

1. 서로에 대해 궁금한 것을 공통 질문으로 만들어본다.
2. '내가 누구일까요?' 카드에 공통 질문에 대해 자신의 생각을 적는다. 예컨대 '내가 가장 아끼는 물건'/'가장 좋아하는 사람'/'가장 좋아하는 음식' 등등
3. 정해진 시간 동안 돌아다니면서 서로 생각을 나눈다.
4. 만날 때 하이파이브 등 만남 미션을 정하고 시작한다.
5. 정해진 시간이 지난 후 카드를 모아 섞은 후 하나씩 퀴즈로 낸다.
6. 더 많이 맞힌 사람(팀)이 승리한다.

나쌤의 수업 나눔과 성찰

한글도 배웠고, 친구들에게 대해서도 어느 정도 알게 되었으니 직접 질문을 만들고 답하는 놀이를 해봐도 좋겠다 싶었습니다. 1번 질문으로 아끼는 물건, 2번 질문으로 좋아하는 사람, 3번 질문으로 좋아하는 음식을 적었습니다. 1개이상 최대 3개까지 적을 수 있게 했습니다. 아이들이 듣고 싶어하는 노래 1곡이 끝나기 전까지 친구들과 이야기 나누면서 서로 소개하는 시간을 가졌습니다. 이때 열심히 할수록 뒤에 유리하다는 것을 알려주었습니다. 최대한 많은 아이들을 만나려고 노력한 아이들이 역시 좋은 결과를 얻었습니다. 1번 접고 뽑기 통에 넣었습니다. 이름을 빼고 질문 1~3에 대한 답을 말해주면 누구인지 순서대로 적었습니다. 총 14명을 뽑았는데, 유민이가 11명이나 맞혔습니다. 지호는 10명을 맞혀서 2등입니다.

놀이 확장 TIP 문제의 정답을 많이 맞힌 사람뿐만 아니라, 가장 많이 만난 사람, 설명을 가장 잘한 사람, 만날 때 하이파이브 등 미션을 가장 잘 수행한 사람 등 다양한 분야에서 각기 잘한 사람을 뽑아서 골고루 격려해준다.

20
맞으면?
손가락을 접어!

가장 먼저 다섯손가락을 접는 사람은 누구?

#의사소통 #상호존중 #언어와 상징 #지식정보처리

외식주 접어~

자신에게 해당될 때 저마다 손가락을 접는 모습
손가락을 모두 펴고 돌아가며 자신에게 해당하는 내용이 나올 때 손가락을 접는 놀이이다.

● 준비물 복습 카드나 공책

함께 놀이해요!

1. 공부한 내용 중 중요한 내용은 각자 복습 카드나 공책에 적는다.
2. 손가락을 다 펴고 특정한 항목에 해당하면 하나씩 접는다.
3. 예를 들어 "인권 접어.", "의식주 접어.", "거주 이전의 자유 접어.", "쉴 권리 접어." 등으로 진행한다.
4. 다섯손가락을 가장 빨리 접은 사람이 승리한다.
5. 활동 후 소감을 나눈다.

나쌤의 수업 나눔과 성찰

친구가 말하는 내용이 자신에게 해당되면 손가락을 하나씩 접어갑니다. 빙고와 방식이 비슷하기 때문에 아이들에게 놀이 방법을 설명할 때 손가락으로 하는 빙고라고 비유하면 쉽게 이해합니다. 공부한 내용 안에서 자신이 공책(또는 복습 카드)에 적은 내용이 나올 때마다 손가락을 하나씩 접고, 손가락 5개를 먼저 접은 사람이 승리합니다. 관련 내용을 많이 찾아서 적을수록 유리하기 때문에 자발적으로 더 열심히 공부하고 찾게 되는 활동입니다.

놀이 확장 TIP 손가락 5개를 접은 사람이 나와도 모두 다 손가락을 접을 때까지 놀이를 계속 진행하고, 전체가 다 손가락을 접는 데 걸리는 시간이나 말한 단어의 수를 확인해보면 더 풍성한 활동이 된다.

21
지금
내 기분은?

 내 표정과 말이 나의 기분을 알려줄 거야!

#협력 #의사소통 #언어와 상징 #심미적감성

감정 카드를 이마에 붙이고 알아맞히는 모습
놀이를 할 때, 감정 자체를 느끼는 구체적인 상황이나 그럴 때 어떤 말을 하게 되는지 설명하는 것을 원칙으로 정하는 것이 좋다.

● 준비물 감정 카드

함께 놀이해요! -

1. 먼저 감정 카드나 감정 차트를 이용해서 다양한 감정에 대해 공부한다.
2. 어떤 감정이 있는 살펴보는 시간을 갖는다.
3. 자신은 감정 카드의 내용을 보지 않은 상태에서 이마에 카드를 올리면 다른 모둠원이 설명한다.
4. 맞히면 정답 감정 카드 목록으로 옮긴다.
5. 맞히기 어렵거나 설명하기 어려우면 "통과!"를 외치고, 통과 카드 목록으로 옮긴다.
6. 10개의 감정을 모두 알아맞히는 데 걸리는 시간으로 대결하는 방식과 1분 동안 더 많이 맞히는 쪽이 승리하는 방식 중 선택한다.

내쌤의 수업 나눔과 성찰

감정 카드를 펼쳐두고 어떤 내용이 있는 살펴봤습니다. 언제 그런 감정을 느끼는지, 그럴 때 어떤 말이나 행동을 하는지 모둠 내에서 이야기하는 시간을 가진 후에 카드를 모아서 놀이를 했습니다. 1명이 카드 10개를 보지 않은 상태에서 이마 위에 올렸습니다. 나머지 모둠원들이 감정에 대해 설명합니다. 맞히면 다음 카드로 넘어가는 식으로 했습니다. 2분 동안 더 많이 맞히는 모둠이 승리하는 것으로 놀았습니다. 통과는 개인당 1번씩만 할 수 있는 것으로 합의했죠. 감정 카드에 대해 익숙해진 후에는 표정과 몸짓으로만 설명하는 것으로도 해봤습니다. 대신 감정 카드 차트를 보고 찾을 수 있도록 했습니다.

놀이 확장 TIP 감정 카드나 차트를 구입해서 활용하면 간편하지만, 그보다는 아이들과 직접 감정 카드와 차트를 만들어볼 것을 추천한다. 두꺼운 종이를 카드 크기로 잘라서 감정 단어를 쓰고, 상황을 간략하게 그림으로 표현하는 시간을 갖고, 놀이를 하면 한층 더 의미 있는 활동으로 발전시킬 수 있다.

22

내 인생의
마지막 날이라면?

나에게 소중한 것들에 관해 생각해보는 시간

#공동체 #의사소통 #상호존중 #자기관리

저 발표할게요!

유언장 작성 후 둘러앉아 진지하게 발표하는 아이들의 모습
학생들은 각자 자기 인생의 마지막 날에 관해 곰곰이 생각한 후에 이를 유언장 형식의 글로 적어보았다. 글쓰기를 통해 자기 생각을 정리해볼 수 있는 놀이이기도 하다.

● **준비물** 활동지(유언장 적을 종이), 초, 조용하고 차분한 분위기의 BGM

함께 놀이해요!

1. '죽음'에 대해 생각해보는 것보다는 '소중한 것'들에 대해 생각해볼 수 있는 시간을 갖는 것을 목표로 한다. 앞만 보고 달려가는 우리의 모습을 반성하고, 주변을 되돌아보는 시간을 갖는 것이 활동의 의의다.
2. 조용한 음악을 들으면서 눈을 감고 마지막 순간을 상상해본다.
3. 교실 바닥에 모여 앉아 각자 생각할 수 있는 시간을 주고 저마다 유언장(촛불과 음악 준비)을 쓴다.
4. 유언장 읽기를 희망하는 사람을 위주로 발표해보는 시간을 갖는다.
5. 활동 소감을 나누면서 마무리한다.

나쌤의 수업 나눔과 성찰

인공지능 시대일수록 생각하는 힘을 길러야 합니다. 이 놀이도 아이들의 사고력을 두루 자극합니다. 또 글로 옮기면서 스스로 생각을 정리할 수 있어 더 좋았습니다. 사실 이 놀이는 학부모 공개 수업 때 했던 놀이인데, 참관하러 오신 학부모들도 영상을 함께 보며 놀이에 참여했습니다. 원으로 둘러앉은 후 불을 끄고 가운데 촛불을 켜놓은 후 희망하는 학생만 유언장을 읽도록 했죠. 발표하지 않아도 글쓰기로 이미 저마다 생각을 정리했을 것이기 때문입니다. 친구들이 발표한 유언장 내용을 들으면서 어떤 생각, 느낌, 결심을 하게 되었는지도 이야기 나누면서 정리하면 좋습니다.

놀이 확장 TIP 학생들이 자신의 마지막 이야기를 활동지에 적을 때 학부모도 함께 적도록 하니 좀 더 의미 깊어졌다.

23
장점
쇼핑몰 놀이

너의 장점을 나도 갖고 싶어!

#공동체 #의사소통 #상호존중 #자존감

우리 교환할까?

좋아~

서로의 장점을 찾아주고 교환하는 활동 모습
스스로의 장점에 대해 생각해볼 시간과 기회가 있어야 한다. 스스로 찾지 못하면 친구들이나 교사에게서 장점을 듣고 그중에서 더 발전시키고 싶은 것을 선택해볼 필요가 있다. 장점을 서로 주고받으면서 가장 중요하게 생각하는 장점에 대해 더 명확하게 된다. 최종 선택한 장점을 키울 수 있는 구체적인 실천 계획을 세워 실천할 수 있게 한다.

● 준비물 활동지, 포스트잇

함께 놀이해요!

1. 각자 자신의 장점을 찾아서 3개 이상씩 쓴다.
2. 친구들이나 선생님이 3개 이상 장점을 포스트잇에 써준다.
3. 쓴 장점에 대해 소개하고 정해진 시간 동안 친구들과 만나서 가지고 싶거나 더 키우고 싶은 장점을 교환한다.
4. 정해진 시간이 지난 후 최종 장점 3개를 선택한다.
5. 선택한 장점을 갖기 위해 어떤 노력을 할 것인지 다짐/계획을 쓰고 발표한다.

나쌤의 수업 나눔과 성찰

서로 장점을 찾아주고 장점을 더욱 발전시킬 실천 계획을 세워보는 활동입니다. 3가지 장점 중 1개씩 골라서 큰 소리로 모두 들을 수 있게 돌아가며 번개 발표를 했습니다. 이후 친구들에게 장점을 받아서 적는 활동을 이어갔습니다. 장점을 3개 이상 받으면 되는데 6개나 받은 아이도 있었죠. 사실 이 놀이는 허승환 선생님의 《교실 속 평화놀이》 중 '장점 쇼핑몰' 재료를 활용해서 우리 학급의 상황에 맞게 적용해본 것입니다. 서로 만나 하이파이브를 하며 장점을 교환하는 놀이죠. 나에게 없는 것이라면 키우고 싶어서 교환하고, 있는 것은 더 발전시키기 위해서 교환하는 것입니다.

놀이 확장 TIP 교환하고 싶은 장점 중 1개 정도 선택해서 구체적인 실천 계획을 세우게 하고 희망하는 학생은 발표도 하면서 마무리하면 좋다.

24
우리는
짐볼 배달부

탱탱볼의 공격을 피해 짐볼을 무사히 배달해요!

#협력 #공동체 #신체감각 #갈등관리

> 우리 한 바퀴
> 성공~

날아오는 공을 피해 짐볼이 땅에 떨어지지 않도록 힘을 합쳐 배달하는 모습
도전 과제(바퀴 수 또는 시간 등)를 부여하고 함께 도전하면 한층 더 즐겁게 놀이할 수 있다. 아울러 함께 뭔가를 달성했을 때의 짜릿한 쾌감도 만끽할 수 있다.

● 준비물 짐볼 1개, 피구공 3개, 원 마커, 매트

함께 놀이해요! ▶ -

1. 바닥에 매트를 깔고, 학급 전체가 바닥에 눕거나 동그랗게 둘러앉는다.
2. 짐볼이 땅에 닿지 않게 머리 위로만 운반한다.
3. 중간에 멈추지 않고 몇 바퀴 운반하는지 기록을 측정한다.
4. 익숙해지면 교사가 피구공 등을 던지면서 방해하는 상황 속에서 운반해본다.

나쌤의 수업 나눔과 성찰

바깥쪽을 보고 누워서 원을 만든 상태로 손을 들어 짐볼을 옆으로 돌리는 연습을 했습니다. 바깥으로 공이 벗어나지 않게 하려면 옆 친구가 공에 손을 올리는 것을 기다렸다가 천천히 넘겨야 합니다. 몇 바퀴 연습한 후 1분 버티기에 도전했습니다. 단 한 명만 제대로 하지 않아도 짐볼이 바깥이나 안쪽으로 떨어지다 보니 1학년 아이들은 조금 어려워했습니다. 수차례 재도전한 끝에 결국 1분 버티기에 성공했습니다. 심화 버전으로 아이들이 짐볼을 1분 동안 굴릴 때 탱탱볼로 공격을 했습니다. 탱탱볼의 공격 속에서도 1분을 버텨낸 아이들은 함께 뭔가 대단한 것을 해냈다는 듯 성취감에 엄청 환호했습니다. 크건 작건 성취감을 경험하는 것은 자존감을 키우는 데 도움이 됩니다. 아이들이 수업놀이 안에서 다양한 성취감을 맛볼 수 있으면 좋겠습니다.

놀이 확장 TIP 익숙해지면 다양한 방식으로 난도를 높일 수 있다. 짐볼의 배달 방향을 순간적으로 바꾸거나, 또 교사가 피구공을 던져서 짐볼을 맞추는 방식으로 다양한 방해물이 존재하는 상황으로도 업그레이드해보자.

마음을 활짝 열고
귀를 기울이면…

요즘은 어쩐지 모두가 각자 하고 싶은 말만 일방적으로 쏟아낼 뿐, 정작 상대의 말에는 제대로 귀를 기울이지 않는 사람들이 많은 것 같습니다. 세상의 수많은 다툼과 갈등의 원인을 파고들다 보면, 의외로 작은 소통 문제가 씨앗이 되어 걷잡을 수 없는 커다란 갈등으로 확대되는 경우가 적지 않습니다. 소통조차 원활하게 이루어지지 않는다면 나아가 협력이나 연대도 기대하기 어렵겠죠? 이에 이 장에서는 친구들과 놀이 안에서 경청과 공감을 연습하는 수업놀이들을 골라보았습니다. 서로에게 귀를 기울이는 동안 친밀감을 쌓으며 의사소통 능력도 키워갈 수 있습니다. 특히 학년 초처럼 아직 아이들 사이와 아이들과 교사 간에 래포가 형성되지 않아 서먹서먹하고 묘한 긴장감이 흐를 때 빠르게 어색함을 날려버려줄 아이스브레이킹 활동으로도 제격이니 꼭 한번 적용해보세요.

친밀감과 의사소통
수업놀이

01
째깍째깍
이야기 릴레이

타이머가 울리면 새로운 이야기를 시작해요~

#공동체 #의사소통 #상호존중 #자기관리

정해진 시간 동안 돌아가며 주제에 대한 자신의 생각을 말하는 모습
타이머를 들고 말할 때 의도적으로 시간을 질질 끌며 놀이 진행을 방해할 수도 있다. 따라서 이에 관한 규칙을 미리 서로 약속하고 시작하는 것이 좋다.

● 준비물 타이머, 토킹스틱으로 사용할 물건

함께 놀이해요!

1. 원형으로 바닥이나 의자에 빙 둘러앉는다.
2. 처음에 이야기할 주제를 함께 정한다.
3. 2~5분 정도 타이머를 맞추고 이야기를 하면서 옆으로 토킹스틱을 돌린다.
4. 말할 때 타이머가 울리면 새로운 질문을 하고, 다시 옆으로 토킹스틱을 돌린다.
5. 활동 후 함께 소감을 나눈다.

나쌤의 수업 나눔과 성찰

함행우 교실에서는 주말 동안에 있었던 이야기를 나누면서 월요일 수업을 시작하곤 합니다. 타이머로 시간을 맞추고 시간 내에 주제에 대한 자신의 생각을 말합니다. 원래 놀이는 타이머가 울려도 특별히 하는 게 없지만, 우리 반 아이들과는 기분 좋은 미션을 넣어서 했습니다. 타이머가 울리면 자신이 하고 싶은 미션을 하나 하고 다시 시작하는 것으로 했더니 한층 더 즐거워졌습니다. 좋아하는 음식, 과일, 만화 등을 주제로 이야기를 나누었습니다. 특히 흥미로웠던 점은 많은 아이들이 자신이 타이머를 갖고 있을 때 울리기를 바란다는 점이었습니다. 아이들의 세계는 어른의 세계와 조금 다르다는 것을 알게 된 시간이었습니다.

놀이 확장 TIP 수업 시간에 배운 내용 중에서 중요한 것을 한 단어씩 겹치지 않게 말하면서 한 바퀴 돌아오는 데 걸리는 시간을 재어보는 것으로 놀이를 확장할 수 있다.

02
두근두근
미션 만남

 반갑게 만나서 재미있는 미션 클리어~!

#언어와 상징 #공동체 #의사소통 #상호존중

가위바위보를 하고 미션을 수행한 후 쪽지를 바꾸는 모습
미션 종이를 가지고 돌아다니다가 상대를 정하고, 가위바위보 등으로 승부를 내서 이긴 사람의 미션을 함께 수행하고 바꾼다.

● 준비물 다양한 미션 종이들

함께 놀이해요!

- -

1. 미션을 종이에 적는다(참여자들이 종이에 직접 적고 뽑는 형식도 좋다).
   - 미션 예시(팔씨름/하이파이브/닭싸움/어깨를 부딪치면서 인사/상대방의 이름 부른 후
   만세 3번/가장 좋아하는 음식 말하기/상대방 칭찬 2가지 해주기 등)
2. 미션 종이를 뽑아서 상대방이 볼 수 없게 가지고 다닌다.
3. 진행자가 "시작!" 하면 돌아다니다가 만난 친구와 가위바위보나 묵찌빠 등을 해
   서 진 사람이 이긴 사람의 미션 종이를 펴서 그대로 수행한다.
4. 미션 수행 후 서로의 미션 종이를 바꾸고 다음 사람을 만난다.
5. 활동 후 소감을 나눈다.

나쌤의 수업 나눔과 성찰

이 놀이를 위해 기분이 좋아지는 다양한 미션을 정해야 합니다. 미리 정해서 놀
이할 수도 있고, 함께 정할 수도 있고, 또 참가자들이 각자 미션을 생각해 쪽지
에 쓸 수도 있죠. 어떤 방법이든 상관없습니다. 모두 하나씩 미션 종이를 가지
고 돌아다니다가 상대를 정해 가위바위보 등으로 승부를 내서 이긴 사람의 미
션을 함께 수행하고, 수행 후에는 미션 종이를 바꾸고 헤어지는 활동입니다. 서
로 다른 미션지를 가지고 있기 때문에 미션에 대한 기대감을 높입니다. 또 수행
한 미션지를 서로 바꿔가므로 늘 새로움을 안겨주며, 미션 수행 과정에서 부쩍
친해질 수 있는 활동입니다.

놀이 확장 TIP 수행했던 미션 중 가장 재미있었던 미션을 뽑아보는 활동
을 이어가도 좋다.

03
공중부양
풍선 배달

 풍선을 공중에 띄운 상태로 운반해요!

#협력 #공동체 #집중력 #신체감각

풍선을 손바닥으로 치면서 반환점을 돌아오는 모습
모둠원들이 순서대로 풍선을 날려야 하는데, 직접 손으로 잡아서 나르는 것이 아니라 계속 쳐서 공중에 띄운 상태로 나르는 것이 놀이의 포인트다.

● 준비물 풍선, 반환점으로 사용할 물건

함께 놀이해요!

1. 3~4명씩으로 모둠을 나눈다.
2. 출발점에서 풍선을 공중에 띄운 후 잡지 않고 쳐서 운반하는 연습을 한다.
3. 익숙해지면 모둠에서 순서를 정해서 돌아가면서 쳐서 운반한다.
4. 중간에 순서대로 하지 않거나 풍선이 바닥에 떨어지면 10초를 추가한다.
5. 반환점을 돌아오는 데 걸리는 시간을 측정한다.

나쌤의 수업 나눔과 성찰

모둠원 4명이 돌아가면서 풍선을 공중에서 잡지 않고 치면서 반환점을 돌아옵니다. 돌아오면 다음 사람은 풍선을 잡지 않고 바로 공중에 띄워서 출발해야 하죠. 손으로 풍선을 잡거나 풍선이 바닥에 떨어지면 10초를 추가합니다. 생각보다 엄청 재미있습니다. 시간도 얼마 걸리지 않고 재미있게 대결할 수 있는 활동이라는 생각입니다. 간단하게 준비해서 할 수 있는 도구별 놀이를 목록으로 만들어보고 싶습니다.

놀이 확장 TIP 익숙해지면 양손을 번갈아 치는 것으로 응용해본다. 또 정해진 횟수 안에 돌아오는 것으로 좀 더 어렵게 놀이 규칙을 만들어 발전시키면 더 재미있다.

04
부산행
술래잡기

 함께 좀비를 피하면서 부쩍 가까워진 우리!

#공동체 #문제해결 #집중력 #신체감각

슈퍼 좀비 술래를 피해 도망가는 모습
거리가 애매하면 마음이 급한 나머지 책상과 책상 사이를 무리해서 뛰어넘으려 할 수 있다.
따라서 책상과 책상 사이 거리를 충분히 확보하고 놀이해야 한다.

● 준비물 책상, 의자, 뽕망치나 백업스틱

1. 책상을 이어서 기차를 만든다.
2. 술래는 백업스틱이나 뽕망치 등을 가지고 활동을 한다.
3. 술래는 걷기만 가능하고 술래에게 터치되면 좀비가 된다.
4. 술래에게 잡히면 앉아서 천천히 움직이면서 공격할 수 있다.
5. 인간은 기차에 올라가서 좀비를 피할 수 있으나 술래에게는 잡힌다.
6. 모두가 좀비가 되면 끝나거나 정해진 시간 동안 활동을 계속한다.

나쌤의 수업 나눔과 성찰

이 놀이에서는 책상이 기차 역할을 합니다. 기차에서 다른 기차로 옮겨갈 때, 바로 건너뛰면 안 됩니다. 위험하기 때문입니다. 다른 기차로 가려면 반드시 바닥에 내려간 후 다시 다른 기차로 올라가야 합니다. 술래는 백업스틱을 들고 친구들을 좀비로 만듭니다. 좀비가 되면 바닥에 앉은 상태에서 인간을 공격합니다. 기차 위에 올라가면 좀비의 공격을 받지 않습니다. 대신 술래가 와서 공격을 합니다. 아이들이 엄청나게 열광합니다. 첫 술래는 뽑기로 정했고, 이어서 최후까지 살아남은 인간이 다음 판 술래가 되는 것으로 했습니다. 집에 갈 시간이 되었지만 계속 하자고 조르는 통에 혼났습니다.

놀이 확장 TIP 책상으로 만든 기차의 모양을 중간에 바꾸고 다시 진행해 본다. 술래에게 최대한 늦게 잡힐 수 있도록 다양한 전략도 구상하면서 놀이를 발전시킬 것을 추천한다.

05
서바이벌 퀴즈, 내가 출제자!

 친구가 낸 문제를 맞히면 카드를 가져와요!

#문제해결 #지식정보처리 #의사소통 #문해력

직접 만든 문제로 대결을 하는 모습
서바이벌로 펼치는 퀴즈 대결이다. 직접 문제를 내고 풀어보기 때문에 공부한 내용을 제대로 이해하는 데 도움을 준다.

● 준비물 A4용지와 필기구

함께 놀이해요!

1. A4용지를 4등분한 후 앞장에는 문제를 내고, 뒷장에는 교과서의 관련 쪽수와 정답을 적는다.
2. 각자 4장의 카드를 가지고 돌아다니면서 서로 퀴즈를 낸다.
3. 상대방의 문제를 맞히면 카드를 빼앗아 온다.
4. 시간이 종료되었을 때 자신의 카드를 그대로 가지고 있으면 2배로 감점(문제가 너무 어렵거나 지엽적인 경우)한다.
5. 최종적으로 가장 많은 카드를 가지고 있는 사람이 승리한다.
6. 활동 소감을 나누고 어려웠던 문제는 다시 확인해본다.

나쌤의 수업 나눔과 성찰

공부도 하면서 서로 친밀감도 키우는 놀이입니다. 특히 직접 교과서에 나온 내용으로 문제를 내고 풀어보다 보니 그 자체로 좋은 공부가 되죠. 서바이벌 대결 방식인데, 친구가 낸 문제를 맞히면 카드를 빼앗아 올 수 있습니다. 다만 너무 어려워서 아무도 풀지 못하는 문제면 오히려 감점되므로 손해입니다. 이 때문에 친구들이 풀 만한 적당한 내용으로 만들기 위해 충분히 생각하고 문제를 내느라 깊이 생각하게 만드는 효과가 있죠. 4장의 카드로 시작하지만 종료한 뒤에는 많은 차이가 생깁니다.

놀이 확장 TIP 최종적으로 마무리하고 많은 학생이 어려워했던 문제를 함께 풀어보는 시간으로 정리하면 좋다.

06
아깝다!
줄을 서시오

조건을 잘 지키면서 나란히! 나란히!

#협력 #공동체 #의사소통 #문제해결

아깝다!

정해진 조건에 맞춰 빠르고 정확하게 순서대로 줄 서는 연습을 하는 모습

빠르게 줄을 서야 하는 놀이이기는 하지만, 너무 속도에만 집착하지 않도록 조건에 맞게 정
확하게 줄서는 것이 중요함을 알려준다.

● 준비물 타이머, 소음 측정기(또는 어플 사용)

 함께 놀이해요! --------------------------------------

1. 의자에 앉아 있다가 복도에 줄을 선다.
2. 조건 없이 줄을 선 후 "아깝다! 50점입니다!"라는 말과 함께 감점 이유를 말한다. 예를 들어 "아깝다 50점입니다. 1분 안에 줄을 서야 하는데 넘었어요. 다시 해볼래요?"라고 말한다.
3. 다시 줄을 서면 "아깝다! 60점입니다."라는 말과 함께 보완해야 할 지점을 말한다.
4. 같은 방식으로 줄을 안전하고 조용하고 빠르게 서는 조건들을 추가한다.
5. 조건을 잘 지켜서 서면 100점으로 인정하고 마무리한다.

나쌤의 수업 나눔과 성찰

교실에서 강당으로 이동하기 전에 줄을 서는 연습으로 이 놀이를 했습니다. 학기 초에는 번호 순서대로 서게 하면 자기 번호를 헷갈리는 아이들이 몇 명 있고, 또 아무 생각 없이 무조건 맨 앞으로 나오려는 아이들도 꼭 몇 명씩 있습니다. 학교생활에서 아이들에게 정말 중요하고 꼭 갖춰야 할 능력 중 하나가 '바르게 빨리 줄서기'라는 생각입니다. 강당 등 다른 공간으로 이동하는 시간이 적어도 하루에 1번 이상 있고, 또 매일 반복해야 하는 것이므로 즐겁게 놀이로 연습하면 좋습니다. 말없이 번호 순서대로 섭니다. 타이머로 초를 재서 얼마가 걸렸는지 확인합니다. 소리를 내면 5초씩 추가하는 규칙을 넣을 수 있습니다. 오늘은 1분 14초에서 무려 24초로 크게 시간을 단축했습니다.

놀이 확장 TIP 조용하고 안전하게 줄을 서는 것을 연습한 후 막상 이동할 때 다시 소란스러워지는 경우가 많다. 따라서 목적지에 도착한 후 개인, 학급 전체가 잘한 점과 더 노력이 필요한 점 등에 관해 이야기를 나눠볼 것을 추천한다.

□저학년 □중학년 □고학년 ■전학년　　　□개별 □짝 ■모둠 ■전체

07
한마음
공 나르기

너와 내가 균형을 맞춰야 공을 지킬 수 있어!

- -

#협력 #공동체 #의사소통 #집중력 #갈등관리

> 앗, 기울었다~!
>
> 괜찮아~ 조심~

짝과 힘을 합쳐 공이 떨어지지 않도록 조심스레 운반하는 모습
어느 한쪽만 서두르거나 의욕이 과해도 공을 떨어뜨리기 쉽다. 두 사람이 한마음으로 협동
해야 좋은 결과를 얻을 수 있다.

● **준비물** 백업스틱, 피구공 등의 공, 의자나 콘 등 반환점으로 사용할 물건

함께 놀이해요!

1. 모둠에서 백업스틱을 가지고 공을 운반할 준비를 한다.
2. 백업스틱 2개를 양쪽에서 잡고 공을 올린 후 반환점을 돌아온다.
3. 중간에 공이 손에 닿거나 또 공이 바닥에 떨어지면 출발점으로 돌아가서 다시 출발해야 한다.
4. 다음 차례의 2명에게는 공을 손으로 잡지 않고 올려주어서 출발하게 할 수 있다.
5. 최종적으로 먼저 들어온 팀이 승리한다.

나쌤의 수업 나눔과 성찰

친구와 함께 백업스틱 2개를 이용한 공 나르기를 모둠 대결로 했습니다. 공을 바닥에 떨어뜨리거나 손에 닿으면 처음으로 돌아와야 하므로, 서두르다 떨어뜨리면 오히려 더 시간이 지체됩니다. 차분하게 준비를 하고 출발한 후 돌아오는 것이 가장 좋은 방법이죠. 또 모둠 친구들이 더 빠르게 출발할 수 있도록 공을 올려주고 위치를 조정해주는 협동심이 중요합니다. 그리고 우리 팀이 실수했을 때 서로 네 탓을 하며 비난하기보다는 응원하고 다시 할 수 있도록 격려해주는 것이 가장 좋은 자세라는 것을 자연스럽게 배울 수 있는 활동입니다.

놀이 확장 TIP 학급 전체가 릴레이로 운반하고 시간을 측정해본다. 조금씩 시간을 단축하는 목표를 정해서 목표 시간보다 빨리 운반하는 것에 도전해 볼 것을 추천한다.

08
모둠 번호
달리기

귀를 쫑긋, 우리 모둠 번호가 불리면 달려요!

- -

#공동체 #청각자극 #집중력 #신체감각

자기 번호가 불리자 재빨리 모둠을 한 바퀴 돌아오는 모습
자리를 바꾸고 나서 새로운 모둠을 구성한 후에 하면 가장 좋다. 모둠 안에서 정해진 번호
를 자연스럽게 익히면서 즐겁게 놀이할 수 있다.

● 준비물 모둠 자리

함께 놀이해요!

1. 4명이 한 모둠으로 자리를 만든다.
2. 모둠 안에서 각각의 번호를 정한다.
3. 진행자 또는 뽑기 프로그램으로 번호를 뽑는다.
4. 뽑힌 번호에 해당하는 사람은 모둠을 한 바퀴 돌아서 다시 자리에 앉는다.
5. 가장 늦게 앉은 모둠은 감점, 가장 먼저 앉은 모둠은 상점을 받는다.
6. 더 많은 점수를 받은 모둠이 승리한다.

나쌤의 수업 나눔과 성찰

모둠 번호에 익숙해지고, 모둠원들과 함께 즐거운 시간을 보내면 이후 진행하는 다양한 활동에 한층 도움이 된다는 생각입니다. 해당하는 번호를 부르면 모둠을 한 바퀴 돌고 다시 자리에 앉습니다. 가장 먼저 앉은 팀은 점수를 받고, 가장 늦게 앉은 팀은 감점을 받습니다. 하지만 실제로 놀이를 해보면 가장 먼저 앉은 팀과 가장 늦게 앉은 팀을 구분하기가 여간 어려운 일이 아닙니다. 아이들이 엄청 빠르게 돌고, 그 차이도 미미하니까요. 그래서 승패를 가리기보다는 모둠 번호를 익히면서 즐겁게 놀이하는 것을 목적으로 진행했습니다. 처음에는 하나씩 부르고, 나중에는 2개, 전체를 부르면서 재미있게 놀았습니다.

놀이 확장 TIP 익숙해졌다면 모둠에 번호를 붙여서 모둠 달리기를 해볼 수 있다. 예를 들어 "1모둠"이라고 외치면 1모둠 모두가 일어나서 자기 번호에 해당하는 모둠을 돌아온다(예컨대 1모둠의 1번은 1모둠, 2번은 2모둠, 3번은 3모둠, 4번은 4모둠…). 자연스럽게 모둠 번호와 모둠별 번호를 익힐 수 있다.

09
아슬아슬
자리 바꾸기

친구가 떨어지지 않도록 서로 꼭 잡아주세요!

#협력 #공동체 #의사소통 #상호존중

친구가 바닥에 떨어지지 않도록 서로 잡아주며 순서대로 자리를 바꾸는 모습
가벼운 스킨십은 친밀감을 빠르게 높여준다. 다만 놀이하는 과정에서 부상을 당하지 않도
록 주의가 필요하다.

● 준비물 의자 또는 원 마커, 타이머

함께 놀이해요!

1. 의자나 원 마커를 두고 순서와 상관없이 올라선다.
2. 교사가 말하는 순서에 맞게 자리를 바꾼다.
3. 생일이 빠른 순, 출석 번호가 빠른 순, 손바닥 크기 순 등으로 바꾼다.
4. 연습한 후에는 말없이 바꾸는 것에 도전한다.
5. 순서가 제대로 되지 않으면 30초, 바닥에 떨어질 때마다 10초씩 추가한다.
6. 자리를 바꾸는 데 걸리는 시간을 잰다.
7. 순서가 중요한 내용을 공부한 후 각자 순서를 나타내는 낱말을 듣고 순서대로
   자리를 빠르고 정확하게 바꾸는 것에 도전한다.

나쌤의 수업 나눔과 성찰

남학생과 여학생 간의 대결을 통한 협동 놀이를 준비했습니다. 의자를 놓고 올라가고 싶은 대로 올라가게 했습니다. 그리고 뽑기 프로그램으로 순서를 뽑고 순서대로 서는 시간을 측정했습니다. 만약 바닥에 발이 닿으면 10초씩 추가하는 것으로 했습니다. 여학생은 먼저 연습을 한 번 하고 나서 기록을 쟀고, 남학생은 연습 없이 바로 도전했습니다.

놀이 확장 TIP 순서가 중요한 내용을 배운 후 아이들이 핵심 카드를 가지고 순서대로 자리를 바꿔보는 활동으로 응용하면 학습 내용과 관련지어서 재미있게 공부할 수 있다.

10
몸으로
말해요

쉿, 오직 몸으로만 설명할 수 있어요!

- -

#협력 #공동체 #의사소통 #문제해결 #창의적사고

모둠원에게 몸으로 문제를 설명하고 알아맞히는 모습
문제를 만들고, 이를 오직 몸으로 설명하여 모둠원에게 알아맞히게 하는 활동이다. 한 명이 나가서 문제를 몸으로 표현할 때 나머지 셋 중 아무나 맞혀도 된다. 셋 다 모르면 '통과'를 할 수 있는데, 단 횟수는 미리 협의하고 시작하는 것이 좋다.

● 준비물 종이(A4용지 8등분), 네임펜이나 매직, 문제 담을 통, 타이머

함께 놀이해요!

1. A4용지를 8등분한 후 전체가 함께 문제를 만들고 통에 넣어둔다.
2. 모둠별로 한 명씩 나와 통 안에서 종이를 한 장 꺼내 적힌 문제를 몸으로 설명하면 나머지 세 명은 일렬로 서서 정답을 알아맞힌다.
3. 문제를 맞히면 문제 낸 사람은 맨 뒤로 가고, 다음 사람이 나와서 문제를 뽑고 몸으로 설명한다.
4. 정해진 시간 안에 몇 문제를 맞히는지 대결하는 방식과 정해진 문제를 모두 푸는 데 걸리는 시간을 측정하는 방법 중 선택해서 진행한다.
5. 문제 풀이가 끝난 후 설명하기 어려웠던 문제나 맞히기 어려웠던 문제에 대해 함께 이야기를 나누면서 정리한다.

나쌤의 수업 나눔과 성찰

실과 진로 인생 계획 프로젝트 중의 하나로 여러 가지 직업을 알아보는 놀이로 진행한 것입니다. 직업 카드에 나와 있는 직업 60개를 함께 살펴보고 제한 시간 3분 안에 서로 문제를 내고 맞히면서 연습했죠. 인물에 관한 문제였는데, 같은 인물이 여러 번 나오기도 했죠. 하지만 그만큼 중요한 인물이라는 의미이기도 하고, 또 같은 인물에 대해 서로 다르게 몸으로 표현하는 모습도 볼 수 있었습니다. 공부도 하면서 신나게 웃으며 친밀감도 쌓는 최고의 학습 놀이 중 하나입니다.

놀이 확장 TIP 다양한 교과에서 개념과 주제에 대해 몸으로 설명하도록 놀이를 확장해볼 수 있다.

11
내 생각에
몇 명이?

나에게 호응해줄 친구는 몇 명일까?

#공동체 #의사소통 #심미적감성 #공감

몇 명이 공감할지 미리 호응 카드에 적은 후 자신의 생각을 말하는 모습
공감 0명이라고 예측하며 아무도 절대 공감할 수 없는 엉뚱한 말을 하는 아이들이 나올 수
있다. 따라서 최소 공감 수를 정해놓고 시작하는 것이 좋다.

● 준비물 메모지(주제, 호응 수 적기)

함께 놀이해요! ----------------------------------

1. 먼저 이야기를 나눌 주제를 정한다.
2. 저마다 친구들에게 들려줄 자신의 생각을 떠올린다.
3. 그 생각에 몇 명이 호응(공감)할지를 예측해서 숫자로 적는다.
4. 돌아가면서 자신의 생각을 이야기하고, 실제로는 몇 명이나 호응(공감)하는지
   알아본다.
5. 가장 정확하게 예측한 사람이 승리한다.

나쌤의 수업 나눔과 성찰

'호응 카드'를 활용해서 자신의 생각을 말했습니다. 그 전에 자신의 생각에 몇
명이나 공감을 할지 예상해서 적도록 했죠. 발표가 끝난 후 공감하는 아이들이
손을 들어서 예측한 숫자와 차이를 알아봤습니다. 민준, 유민, 현준이가 정확하
게 예측해서 다들 깜짝 놀랐습니다. 자신의 생각에 몇 명이 공감할 것이지 예측
하면서 결과물을 완성하기 때문에 더 재미있는 방법이라는 생각입니다.

놀이 확장 TIP 메타인지. 사고의 사고라는 말로 학습법과 관련한 내용에
빠짐없이 등장한다. 이는 자신이 얼마나 알고 있고, 모르고 있는지 등을 스스로
알 수 있는 능력이라고도 한다. 호응인지. 얼마나 많은 호응을 받을지 예측하는
것을 놀이로 알아보는 것도 좋다. 또 정확하게 맞히지는 못해도 호응을 많이 받
은 생각은 따로 정리해본다. 어떻게 하면 더 많은 호응을 얻을 수 있을에 관해
이야기를 나누며 마무리할 것을 추천한다.

12
부딪치거나
들어가거나

신호가 울리면 다 함께 고리를 던져요!

#협력 #공동체 #의사소통 #집중력

야호, 100점~!

점수를 얻기 위해 점수 구역 안으로 고리를 던지는 모습
각 모서리에 앉은 학생들이 한꺼번에 던지는 것이 놀이의 포인트. 점수 구역 안으로 들어가
면 점수를 받고, 날아가다가 다른 친구의 고리와 부딪치면 보너스 점수를 받는다.

● **준비물** 마스킹테이프, 고리 던지기용 고리

함께 놀이해요!

1. 정사각형으로 경기장을 만든다.
2. 경기장 한 가운데 작은 정사각형을 마스킹테이프로 표시한다.
3. 각 모서리에서 각자 고리를 하나씩 들고 준비한다.
4. 준비되면 모두 고리를 바닥에 대고 가운데 구역으로 던지거나 민다.
5. 가운데 구역에 들어가면 100점, 다른 팀원 고리와 부딪치면 50점이다.
6. 돌아가면서 대결하고 더 높은 점수를 받은 팀이 승리한다.

나쌤의 수업 나눔과 성찰

조절, 상황 판단, 협동, 우리 팀에 대한 생각 등을 하면서 해야 하는 놀이를 준비했습니다. 4곳 모서리에서 한 번에 다 같이 고리를 던져서 중간에 부딪치면 50점, 가운데 점수 구역으로 들어가면 100점을 받습니다. 모둠원들이 다 같이 참여하고, 대기 시간도 거의 없습니다. 다른 모둠이 나와서 바로 던지면 되기 때문에 속도감 있게 놀 수 있습니다. 처음에는 생각 없이 던지다가 점차 친구가 던지는 방향을 잘 보고 부딪치거나 점수 구역으로 들어갈 수 있도록 신경을 씁니다. 0점부터 350점까지 한 번에 얻었습니다. 3명인 모둠에 들어가서 같이 했는데 성공하면 자기 일처럼 다 같이 기뻐할 수 있어 좋았습니다.

놀이 확장 TIP 곱셈을 배운 후라면 응용 버전으로 부딪칠 때마다 점수를 2배로 받는 것으로 계산할 수 있다. 자연스럽게 교과 복습으로 놀이가 확장된다. 예컨대 가운데 지점에 1개 들어가고 1번 부딪쳤다면 100점의 2배인 200점을 받는 식으로 계산한다.

13

제시어 전달, 방과 방 사이

 제시어를 다음 방 친구에게 전달 또 전달!

#협력 #공동체 #의사소통 #언어와 상징

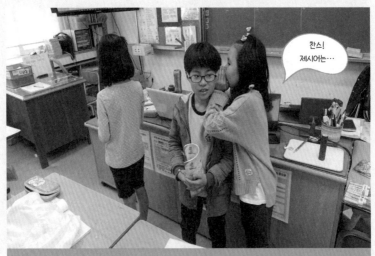

행동으로 설명하다 귓속말 찬스를 쓰는 모습
원칙은 몸으로 설명해야 하지만, 찬스를 쓰면 귓속말로 제시어를 전달할 수 있다. 단, 찬스를 쓰면 정해진 제한 시간에서 10초를 차감하는 핸디캡을 부여한다.

● **준비물** 제시어 카드(함께 만들기), 타이머

함께 놀이해요! ----------------------

1. 문제로 낼 제시어는 그동안 공부한 내용 중에서 선정하는 것이 좋다.
2. 모둠별로 칠판 쪽을 바라보고 한 줄로 선다.
3. 제일 뒤쪽에 선 사람이 문제 카드를 뽑아 말 없이 행동과 표정으로만 앞사람에게 제시어를 전달한다.
4. 정해진 시간 동안 제시어를 정확하게 많이 전달하는 모둠이 승리한다.
5. 중간에 한 번 정도 귓속말로 전달할 수 있는 찬스를 쓰게 할 수도 있다. 단, 찬스를 사용하면 정해진 전달 시간에서 10초를 차감한다.
6. 마지막 전달받은 사람이 칠판에 나와서 전해 들은 낱말을 쓴다.
7. 함께 정답을 확인하고 소감을 나눈다.

나쌤의 수업 나눔과 성찰

제시어 카드를 뽑고 앞사람에게 몸으로만 설명하다 보니 전달 과정에서 처음의 설명이 많이 변형되기도 하지만, 오히려 더 정확하게 발전하기도 합니다. 시각적으로 학습할 때 잘 배우는 학생, 청각적으로 학습할 때 잘 배우는 학생이 있는 것처럼 몸을 움직이면서 학습할 때 잘 배우는 유형도 있습니다. 특히 몸으로 설명하기 위해서는 그 특징을 정확하게 표현해야 하는 만큼 창의적인 아이디어를 발휘해야 하는 놀이입니다.

놀이 확장 TIP 활동 후 맞히지 못한 단어나 시간이 부족해서 풀어보지 못한 문제는 몸으로 어떻게 나타내면 좋을지 함께 이야기 나눠본다.

14
난 튕기고, 넌 받고!

잘 튕겨야 잘 받을 수 있어요!

- -

#협력 #공동체 #의사소통 #상호존중 #신체감각

친구가 바닥에 튀긴 탁구공을 받는 모습
처음에는 1:1로 주고받기를 하다가 점차 익숙해지면 다양한 인원수로 응용할 수 있다. 인원이 늘어날수록 의사소통과 협동이 더욱 중요해진다.

● 준비물 탁구공, 컵 2개, 타이머

1. 2명씩 짝을 짓는다.
2. 한 명은 탁구공을 바닥에 튀겨주고, 남은 한 명은 컵으로 탁구공을 받는다.
3. 받는 데 성공하면 서로 역할을 바꾼다.
4. 팀을 나누고 릴레이 대결을 해본다.
5. 정해진 시간 동안 더 많은 탁구공을 받은 사람 또는 팀이 승리한다.

나쌤의 수업 나눔과 성찰

탁구공 1개와 컵 2개로 2명이 함께 놀 수 있는 활동을 준비했습니다. 상대방을 배려해서 탁구공을 바닥에 잘 튀깁니다. 한 번 튀긴 후 컵으로 탁구공을 받으면 성공! 성공하면 역할을 바꿉니다. 개인적으로 역할을 바꾸는 게 이 놀이의 핵심이라는 생각입니다. 한 명만 잘해서는 높은 점수를 받을 수 없으니까요. 정해진 시간 동안 대결했습니다. 상대방에 대한 배려, 협응력, 집중력, 안 들어갔을 때 포기하지 않고 재도전하는 끈기 등을 복합적으로 키울 수 있습니다.

놀이 확장 TIP 2명이 주고 받는 것에 익숙해지면 모둠 4명이 이어받는 것으로 확장시켜보자. 1번이 2번에게 주고 성공하면, 3번에게 준다. 성공하면 4번에게 주고, 다시 1번에게 주는 형태로 대결하면 한층 흥미진진해진다.

15
움직이는
레이저빔

 줄넘기 레이저빔에 닿으면 아웃!

- -

#공동체 #신체감각 #집중력 #문제해결

줄넘기 레이저빔을 피해 놀이를 하는 모습
레이저빔의 역할을 하는 줄넘기를 너무 급작스럽게 움직이지 않도록 사전에 서로 약속해야 불필요한 부상을 예방할 수 있다.

● **준비물** 줄넘기 여러 개, 마스킹테이프, 미션임파서블 BGM

함께 놀이해요!

1. 술래 두 명이 양쪽에 긴 줄을 잡고 출발선 양 끝에 마주선다.
2. 술래는 서로 신호를 해가며 줄을 돌리거나 밑에서 흔드는 등 다양하게 긴 줄을 돌리며 도착선까지 이동한다.
3. 한편 놀래들은 긴 줄을 보고 있다가 높이 뛰거나, 엎드리는 등 줄을 피한다.
4. 줄에 걸리면 바깥으로 나와서 놀래들이 레이저빔을 잘 피할 수 있도록 방법을 알려주거나, 심판 역할을 한다.
5. 술래는 도착하고 난 뒤에 잠시 숨을 고른 다음, 뒤로 돌아서 다시 처음 출발선으로 간다. 양쪽으로 왔다 갔다 하면 계속 이어갈 수 있다.

나쌤의 수업 나눔과 성찰

줄넘기와 마스킹테이프만 있으면 할 수 있는 재미있는 활동을 준비했습니다. "윙~~~~"하는 자체 BGM을 준비해서 시범을 보였습니다. 양쪽 끝에서 2명이 긴 줄넘기를 잡고 어떻게 움직일 것일지 알려준 후 3초 후에 출발합니다. 점프나 아래로 숙여서 피하면 됩니다. 레이저빔이 움직이는 효과를 줍니다. 몇 번해서 익숙해진 후 레이저빔을 하나 더 추가했습니다. 양쪽에서 다가오는 레이저빔을 어떻게 피할 것인지 순간 판단해야 합니다. 조금 늦게 움직이면 선에 닿는데, 그러면 아웃되는 것으로 정했습니다. 아웃된 친구들이 늘어날수록 레이저빔은 점점 더 복잡하게 움직입니다. 한 번 하고 나니 이후 쉬는 시간과 중간 놀이 시간에 아이들끼리 모여서 재미있게 놀고 있는 모습을 볼 수 있었습니다.

놀이 확장 TIP 레이저빔이 움직이는 속도를 처음에는 천천히 움직이다 한 명씩 아웃될수록 조금씩 빠르게 난도를 높여가면 더 재미있다.

□저학년 □중학년 □고학년 ■전학년　　　■개별 ■짝 ■모둠 ■전체

16
컵 정리의
달인

달인의 비결은 한 번에 컵 하나씩 차곡차곡!

- -

#협력 #공동체 #의사소통 #집중력 #자기관리

컵이 바닥에 떨어지지 않게 하나씩 쌓아서 정리하는 모습
여러 개를 한꺼번에 쌓아 올리려다 보면 와르르 무너질 수 있다. 모둠원끼리 돌아가며 하나
씩 올려 정리하는 것을 원칙으로 한다.

● 준비물 책상 2~3개, 컵 쌓기용 컵 여러 개

함께 놀이해요!

1. 책상 2~3개를 붙이고, 그 위에 컵을 빈 공간이 없도록 펼쳐놓는다.
2. 한 번에 하나씩 컵을 모으는 방식으로 컵 탑을 쌓아 정리한다.
3. 중간에 컵이 바닥으로 떨어지면 10초를 추가하는 규칙을 넣을 수 있다.
4. 모든 컵을 정리하는 데 걸리는 시간으로 대결한다.
5. 익숙해지면 컵을 뒤집어놓은 상태에서 정리하는 것으로 대결한다.

나쌤의 수업 나눔과 성찰

컵을 책상 2개에 가득 펼쳐놓은 후 한 번에 하나씩 모두 쌓은 데 걸리는 시간을 측정했습니다. 모둠 대결로 모둠 내에서 순서를 정하고 돌아가면서 쌓는 것으로 했습니다. 바닥에 떨어지면 10초씩 추가하는 규칙을 넣었죠. 요즘에 아이들이 부쩍 성장했다고 느끼는 순간은 자발적으로 순서를 지키기 위해 노력할 때입니다. 순서대로 하지 않은 컵은 스스로 빼서 다시 시도합니다. 그런 모습을 볼 때마다 참 감동적으로 느껴집니다. 놀이를 통해 사회적 기술, 학문적 기술을 자연스럽게 배우고 익히는 것을 꿈꿉니다. 즐겁게 놀았는데 뭔가 충만하게 배운 느낌이면 좋겠습니다. 이 활동도 그런 활동이면 좋겠습니다.

놀이 확장 TIP 저학년에서 숫자를 배우는 중이라면 숫자를 세면서 정리하도록 하면 더 좋다. 만약 컵의 개수 전체가 100개라면 100을 순서대로 세면서 정리와 복습을 함께할 수 있다.

□저학년 ■중학년 □고학년 ■전학년   □개별 □짝 ■모둠 ■전체

17
책상
탱탱볼 탁구

한 번 튀길 때마다 1점씩 점수를 얻어요!

- -

#협력 #공동체 #의사소통 #집중력

자, 팅긴다~

책상 위에 탱탱볼을 튀겨서 점수를 얻는 모습
친구에게 공을 그냥 던지는 것이 아니라 책상에 팅겨서 건네주면 또 다른 친구에게 팅겨주
는 것이 놀이의 포인트이다. 따라서 잘 팅기는 소재의 공을 선택하는 것이 좋다.

● **준비물** 책상 2~4개, 탱탱볼

함께 놀이해요!

1. 책상 2개(또는 4개)를 붙여서 탁구대를 만든다.
2. 탱탱볼처럼 맞아도 아프지 않고, 탄성이 좋은 공을 준비한다.
3. 4명이 탁구대의 각 면에서 서서 준비한다.
4. 공을 책상 탁구대에 튀기면 나머지 3명 중에 1명이 공을 잡지 않고, 다시 책상 탁구대에 튀겨 또 다른 팀원에게 넘긴다.
5. 한 번 튀길 때마다 1점씩 점수를 받는다.
6. 공이 바닥에 떨어지거나 손으로 잡을 때까지 같은 과정을 반복한다.
7. 정해진 시간 동안 더 많은 점수를 얻은 팀이 승리한다.

나쌤의 수업 나눔과 성찰

책상 2개를 붙여서 탁구대를 만들었습니다. 한 번 공이 튈 때마다 1점씩이고, 반드시 돌아가면서 쳐야 합니다. 공을 손으로 잡거나 바닥에 떨어지면 아웃이죠. 두 번 해서 높은 점수로 1판을 하고, 돌아가면서 2판하는 것으로 해서 승패를 결정지었습니다. 1학년 아이들이니까 책상 2개면 충분하겠다고 생각하고 진행했습니다. 그런데 막상 놀이를 하는 과정에서 보니 책상을 4개 붙여야 더 여유 있게 할 수 있겠다는 생각도 들었습니다. 그래도 한 판이 빨리 끝나서 부담 없이 다시 시도해볼 수 있었습니다.

놀이 확장 TIP 팀을 나눠서 탁구처럼 대결해본다. 맨 앞 사람이 책상 위에 치고 맨 뒤로 간다. 상대팀은 튀긴 공을 받아서 다시 책상 위에 쳐서 공격을 한다. 공격에 성공해야 맨 뒤로 갈 수 있다. 먼저 모두가 한 번씩 공격에 성공한 팀이 승리하는 것으로 대결해보는 것도 추천한다.

18

어둠 속의
달팽이 미로

친구야, 내가 미로를 빠져 나갈 수 있게 도와줘!

#협력 #의사소통 #청각자극 #집중력

친구의 안내에 귀를 기울여 미로에서 조금씩 빠져나오는 모습

미로 벽에 닿지 않고 목적지에 도달하는 데만 집착하지 않았으면 한다. 그보다는 긴밀히 협동하고 서로 대화하면서 사회적 기술을 익히는 놀이로 활용할 것을 추천한다.

● 준비물 A4용지, 색연필

함께 놀이해요!

1. 2명씩 짝을 지어 종이에 달팽이 미로를 2개 그린다.
2. '가위바위보'를 해서 먼저 그릴 순서를 정한다.
3. 안대를 쓴 채, 친구의 안내를 듣고 달팽이 미로의 벽에 닿지 않게 미로를 빠져나온다.
4. 안내자는 직접 손으로 안내할 수 없고, 오직 말로만 안내할 수 있다.
5. 소감을 나누고 역할을 바꿔서 다시 해본다.

나쌤의 수업 나눔과 성찰

미션을 해결하기 위해 어떤 태도로 노력하는지 알아볼 수 있는 놀이를 준비했습니다. 활동지를 인쇄해주지 않고, 달팽이 미로를 직접 그리도록 했죠. 여유 있게 크게 그리면 성공 가능성이 좀 더 커지지만, 아이들에게 미리 알려주지는 않았습니다. 일단 그리고 나서 활동 방법을 설명했습니다. 어릴 때부터 성공 경험뿐만 아니라 실패 경험과 실패했을 때 그것을 대하는 태도 등도 경험하고, 연습해야 합니다. 놀이를 시작하니 여기저기서 비명 소리가 터집니다. 선이 벽에 닿은 것입니다. 짝의 설명을 듣지 않고, 마음대로 하거나, 좌우를 헷갈리거나 설명 자체를 엉뚱하게 하기도 합니다. 저마다 미로 탈출을 시도한 후 아이들에게 이 활동의 진짜 의미를 알려주었죠. 실패하는 것과 실패를 줄이는 법을 찾는 경험, 실수나 실패를 어떻게 대하는지 등을 함께 이야기할 수 있어 좋았습니다.

놀이 확장 TIP 작은 종이에 그린 미로가 아닌 운동장이나 강당에 크게 달팽이 모양을 그리고 인간 미로 찾기로 발전시켜도 재미있다. 특히 수업 시간에 방향, 거리 등에 대해 배운 후에 하면 배움을 놀이로 정리할 수 있다.

19
정답이면?
손가락 탑 쌓기

손가락으로 층층이 쌓아올리는 핵심어 탑

#협력 #공동체 #의사소통 #집중력

배운 내용을 하나씩 말하면서 손가락 탑을 쌓는 모습
배운 내용 중 핵심이 되는 단어를 말하며 엄지나 검지를 내민다. 다음 사람은 먼저 말한 사람의 손가락을 잡으면서 다른 핵심어를 말하면 된다.

● 준비물 없음

1. "손가락 탑 만들기 하나, 둘, 셋."이라는 말과 함께 시작한다.
2. 그 시간에 배운 내용 중 핵심어를 말하면서 엄지나 검지를 내민다.
3. 다음에 말하는 사람은 전에 말한 사람의 손가락을 잡으면서 엄지나 검지를 내민다.
4. 마지막 사람은 모둠 전체가 말한 내용을 차례대로 말하면서 마무리한다.
5. 복습할 내용이 많으면 두 손을 모두 사용해서 놀이를 할 수 있다.

나쌤의 수업 나눔과 성찰

공부한 내용을 모둠 친구들과 함께 재미있게 복습하는 데 좋은 놀이입니다. 만약 복습할 내용이 많으면 양손을 모두 사용하게 하고, 많지 않다면 한 손만 사용해서 합니다. 마지막에 앞서 친구들이 이야기한 핵심어를 차례대로 말하면서 정리하는 역할을 모둠 내에서 가장 공부를 잘하거나 기억을 잘하는 친구가 맡으면 모둠 손가락 탑 쌓기를 쉽게 성공할 수 있죠. 단, 모둠 내에서 등수를 메기는 것이 목표가 아니라 탑쌓기 미션 성공이 목표이므로 경쟁에 연연하지 않고 함께 배운 내용을 정리할 수 있었습니다.

놀이 확장 TIP 핵심어의 가짓수를 늘려가면서 다양한 교과에서 활동해본다.

20
달리고! 쌓고!
찍고! 정리하고!

 달려와서 컵을 쌓고, 다시 정리까지 해요!

#협력 #공동체 #신체감각 #집중력

컵을 탑처럼 쌓고 돌아가기 전에 다시 정리하는 모습
서두르다 보면 오히려 실수 연발이다. 순서대로 하나씩 제대로 쌓고 정리하는 것이 가장 빠른 방법이다.

● 준비물 컵 쌓기용 컵(점보 사이즈)

함께 놀이해요! –

1. 2~4팀으로 나눈다. 출발점에서 출발하고 중간 지점에 있는 6개의 컵을 3층으로 쌓고, 반환점을 돌아서 다시 컵을 정리하고 돌아온다.

2. 승리하려면 달리기가 아니라 컵 쌓기에서 실수가 없어야 한다.

3. 일반 컵을 사용해도 되지만 점보 스택스(대형 컵)가 있다면 더 재미있게 놀이할 수 있다.

4. 익숙해지면 스피드 스택스 공식 방법대로 컵을 쌓은 후 돌아오는 것으로 발전시킬 수 있다.

나쌤의 수업 나눔과 성찰

책상을 밀고 놀이 공간을 확보했습니다. 뽑기로 3명씩 대결했죠. 사물함에 한 손과 한 발을 대고 있다고 출발신호가 나오면 달려서 가운데 있는 대형 컵을 쌓습니다. 대형 컵이 없다면 일반 컵 쌓기를 이용해도 좋습니다. 3층으로 쌓고, 칠판으로 달려가서 한 번 치고 다시 컵을 원래대로 쌓고, 출발점으로 먼저 달려가는 사람이 승리하는 것으로 했습니다. 3명씩 대결해서 승리한 사람들끼리 대결하고 드디어 결승전! 담현이가 1등, 윤이가 2등, 유민이가 3등을 차지해서 친구들의 큰 박수를 받았습니다. 정리까지 하는 것을 규칙으로 포함시키니 놀이를 진행하는 입장에서도 뒤처리 부담 없이 즐거운 시간이었습니다.

놀이 확장 TIP 강당 등 더 넓은 공간에서 시도하면 한층 역동적으로 놀이할 수 있다. 거리가 멀면 달리기 실력도 승패를 좌우하는 변수로 작용한다.

21
공통점을
찾아라!

 어, 너도 그래? 응, 나도 그래!

#협력 #공동체 #의사소통 #상호존중

자신의 생각을 말하면서 서로 비슷한 점과 다른 점을 찾아 연결한 모습

함께 대화를 나누며 비슷한 점을 찾는 것이 목적이다. 따라서 다른 점에 집중하지 않고, 공통점에 집중할 수 있도록 지도한다.

● 준비물 4절 도화지, 유성 매직이나 색연필

함께 놀이해요!

1. 4명씩 모둠을 만들고 공통점을 찾는다.
2. 4절 도화지 모서리에 각자 자기 이름을 적는다.
3. 돌아가면서 이야기를 나누고, 핵심어를 종이에 쓴다.
4. 핵심어와 같은 생각이나 느낌을 가지고 있으면 자기 이름에 연결한다.
5. 나중에 얼마나 많이 서로 연결되었는지 확인해본다.

나쌤의 수업 나눔과 성찰

자리를 갓 바꾼 후라 모둠 세우기를 하기에 딱 좋은 시간입니다. 모서리에 각자 자기 이름을 적고, 좋아하는 것과 싫어하는 것으로 공통점을 찾아봤습니다. "나는 과일을 좋아해!"라고 말하면서 '과일'이라고 쓴 후 자기 이름에서 연결 짓습니다. 과일을 좋아하는 아이들은 모두 연결 짓습니다. 만약 과일을 좋아하지 않으면 연결 짓지 않으면 됩니다. 같은 방식으로 돌아가면서 모두 한 번씩 했습니다. 싫어하는 것은 삼각형으로 울타리를 만들고 연결지어봤습니다. 모두 1개 이상씩 말한 후 전체에 소개하는 시간을 가졌습니다.

놀이 확장 TIP   단원 마무리로 수업 내용과 관련지어서 활용하는 것도 좋다. 이번 단원에서 가장 중요한 것을 적고, 말로 설명할 수 있으면 선으로 연결 짓는다. 이때는 누가 더 많이 연결 지었는지 확인하면서 마무리한다.

22
단점이 장점 되는
손바닥 그리기

단점을 장점으로 바꿔 손바닥에 적어볼까요?

- -

#협력 #공동체 #의사소통 #상호존중 #자존감

자신의 단점을 장점으로 바꾼 손바닥 그림을 보여주는 모습
단점이라고 생각했던 부분을 곰곰이 들여다보면 그것이 오히려 장점이 될 수도 있음을 알
려주는 심성 놀이 활동이다. 친구들과 장단점에 관한 다양한 의사소통이 일어난다.

● **준비물** 도화지나 스케치북, 사인펜이나 색연필

함께 놀이해요!

1. 저마다 도화지나 스케치북에 양 손바닥을 그린다.
2. 왼손가락에 단점을 구체적으로 적는다(예: "난 너무 느리게 해." 등).
3. 정해진 시간 동안 돌아다니며 친구가 적은 왼손 손가락의 단점 중 장점이 될 수 있는 것을 손가락 밖에 적는다.
4. 친구가 써준 내용을 참고해 오른손가락에 장점으로 바꿔 적는다(예: "난 천천히 꼼꼼하게 해." 등).
5. 단점으로 볼 수도 있지만, 실제로는 장점이 될 수도 있는 것들에 대해 공유해본다.
6. 소감을 나누며 마무리한다.

나쌤의 수업 나눔과 성찰

도덕 진도가 모두 끝났습니다. 어느새 7월에 들어섰음을 실감합니다. 방학까지 남은 도덕 시간에는 복습도 하면서 뭔가 추가로 배울 수 있는 의미 있는 활동을 하고 싶었죠. 그래서 '단점을 장점으로 바꿔보는 시간'을 가졌습니다. 먼저 관련 자료도 보면서, 여러 이야기를 들려준 후 각자 스케치북에 왼손과 오른손 손바닥을 각각 그리도록 했습니다. 그리고 먼저 스스로 생각하는 단점을 왼손가락에 적도록 했습니다. 친구들과 함께 이야기 나누며 단점(약점)이 장점으로 바뀌면 오른손가락에는 바뀐 장점을 적는 거죠. 저는 3학년과 함께해서 몇몇 아이들은 제가 대신 써주어야 했습니다. 그런데 오히려 그게 좋았다고 말해준 아이들이 많았습니다. 앞으로 더 아이들 속으로 들어가야겠습니다.

놀이 확장 TIP 우리 반의 단점, 우리 학교의 단점, 우리 마을의 단점 등에 대해 함께 이야기 나누고 장점으로 바꿔보는 활동으로 확장해도 좋다.

23
우리 반
친구 이름 빙고

 친구 이름을 정확하게 쓰고 읽어야 진짜 빙고!

#공동체 #의사소통 #집중력 #지식정보처리

친구들의 이름으로 빙고 놀이를 하는 모습
학기 초나 학년 초에 이름 빙고 놀이를 하면 금세 서로의 이름을 재미있게 외울 수 있다.

● 준비물 우리 반 친구들 이름표, 빙고판

함께 놀이해요! -------------------------------

1. 먼저 우리 반 친구들의 이름을 한 명씩 크게 말하면서 쓰는 연습을 한다.
2. 빙고판에 저마다 친구들의 이름을 선택해서 적는다.
3. 각자 돌아가면서 한 명씩 이름을 말한다.
4. 정확하게 썼고 발음하면 O를 표시한다.
5. 3줄 빙고를 먼저 성공하면 승리한다.

나쌤의 수업 나눔과 성찰

서로의 이름을 빨리 익히고 쓸 수 있는 '우리 반 친구 이름 빙고'를 했습니다. 4x4로 총 16칸을 활동지로 만들어서 나눠주었죠. 저학년의 경우 친구들의 이름을 부를 수는 있지만, 아직 쓰지는 못하는 아이들이 있어서 볼 수 있게 화면에 띄워주었습니다. 우리 반 21명 중 저마다 16명을 골라서 씁니다. 빙고판에 자기 이름은 꼭 쓰도록 했는데, 설명을 제대로 이해하지 못해서 자기 이름을 빠뜨린 아이들도 몇 명 있었습니다. 돌아가면서 친구들의 이름도 부르면서 글자 연습도 재미있게 할 수 있는 의미 있는 시간이었습니다.

놀이 확장 TIP 친구들을 만나서 자기소개와 함께 듣고 싶은 말 등을 얘기하는 시간을 가져본다. 모두 한 번씩 만난 후 빙고판에 친구 이름과 함께 그 친구가 듣고 싶을 말까지 생각해서 적는다. 그러고 나서 친구 이름과 듣고 싶어할 말을 함께 외치는 방식으로 응용해보자.

24
다름
수용 놀이

우리는 서로 같으면서 또 다르기도 해요!

#공동체 #의사소통 #상호존중 #자존감

서로 같은 부분과 다른 부분을 찾는 모습
세상은 각자의 개성을 소유한 사람들이 함께 만들어가는 것이다. 다양성의 수용은 세계시민의 주요 자질 중 하나이기도 하다. 자연스럽게 다양성을 수용하는 기회를 제공한다.

● **준비물** 공통점과 차이점을 적을 종이와 매직, 토킹스틱

함께 놀이해요!

1. 우리끼리 서로 같은 점을 최대한 많이 찾는다.
2. 우리끼리 서로 다른 점을 최대한 많이 찾는다.
3. 같은 점과 다른 점을 보고 소감을 나눈다.
4. 서로 같아서 좋은 점과 불편한 점, 서로 달라서 좋은 점과 불편한 점에 대해서도 이야기를 나눈다.

나쌤의 수업 나눔과 성찰

아이들이 학교에서 인생을 살아가는 데 필요한 것들을 차근차근 준비할 수 있는 시간을 갖게 하고 싶습니다. 사회적 기술이 그중 하나입니다. 서로 같은 점과 다른 점에 대해 이야기 나누면서 자연스럽게 우린 어떤 부분에서는 같고, 또 어떤 부분에서는 다르다는 것을 자연스럽게 느낄 수 있죠. 같은 점도 참 많지만 다른 점은 더 많습니다. 달라서 싫은 것이나 불편한 것이 아니라 그냥 다른 것입니다. 오히려 달라서 더 좋은 것들이 참 많습니다. 다르다고 배척하기보다 다른 점을 서로 존중하려면 충분한 대화와 소통이 필요합니다. 이 놀이를 통해 같아서 좋은 점, 달라서 좋은 점까지 이야기 나눌 수 있어 참 좋았습니다.

놀이 확장 TIP '학급긍정훈육법'에서는 "실수는 배움의 기회, 문제는 성장의 기회"라는 아들러(Alfred Adler)의 말을 실천하기 위해 '실수 파티'를 권장하기도 한다. 실수할 때마다 실수 기록장에 적고, 실수를 통해 무엇을 느끼고 배웠는지를 누적해 나가는 것이다. 서로 다르다는 것은 다양성 측면에서 환영할 만하다. 서로 다른 점을 찾을 때마다 축하하며 다름 목록에 누적해서 기록하여 1년간 얼마나 서로 다른 점을 찾았는지 알아보는 것도 좋다.

함께할수록 행복한
나와 너 그리고 우리

날이 갈수록 사회 전반에 개인주의가 심화되고 있습니다. 하지만 온갖 이해
관계로 촘촘히 연결된 세상에서 과연 혼자만 잘살 수 있을까요? 제아무리
뛰어난 역량의 소유자라도 혼자서 모든 예측불가능한 문제들을 해결할 순
없습니다. 특히 세계평화, 인권, 기후변화, 빈곤 등 전 지구적 문제들은 어
느 한 개인 또는 한 국가의 힘으로 해결할 수 없는 만큼 지구촌 공동체가 한
마음으로 협력해야 합니다. 즉 모두 함께 힘을 모아 최선의 문제해결을 위한
집단지성을 발휘하는 것이 중요합니다. 이처럼 세계시민이 함께 협력하고
연대할 때 인류도 지속가능한 발전을 이룰 수 있을 것입니다. 하지만 이런
역량은 하루아침에 몸에 배지 않습니다. 그래서 평소 놀이 안에서 자연스럽
게 상호작용을 경험하는 동안 협력과 연대의 의미를 깨닫게 하면 어떨까요?
이 장에서는 함께할수록 커지는 행복을 체험하며 협력과 연대의 힘을 깨닫
게 하는 놀이들을 골라보았습니다.

4장

협력과 연대,
상호작용 수업놀이

01
너도나도
공감 BEST

 우리는 서로 얼마나 마음이 통하는 사이일까?

#공동체 #의사소통 #상호존중 #지식정보처리

돌아가며 낱말을 말하고 공감을 확인하는 모습
주제가 정해지면 그 주제에 대해 친구들이 많이 생각했을 것 같은 낱말을 종이에 쓴다. 순서
대로 돌아가면서 자신이 쓴 낱말을 말하고, 같은 낱말을 쓴 친구는 손을 든다. 손을 든 숫자
만큼 공감 점수를 받는다.

● 준비물 '너도나도 공감 Best'에 사용할 주제, 필기구

함께 놀이해요!

1. 주제를 정하고, 그 주제와 관련하여 연상되는 낱말을 3~5개 적는다.
2. 순서대로 돌아가면서 자신이 쓴 낱말을 읽는다.
3. 나와 똑같은 낱말을 쓴 사람이 다섯 명이면 5점을 받는다. 두 명이 같은 내용을 썼다면 2점을 받고, 나만 썼다면 0점을 받는다.
4. 다음 차례에서는 앞사람이 이미 말한 낱말을 빼고 말한다. 말할 낱말이 없으면 최종 점수만 말하고 다음 사람으로 넘어간다.
5. 서로 점수를 확인해보고, 소감을 나눈다.

나쌤의 수업 나눔과 성찰

다른 사람과 마음이 얼마나 통하는지 알아볼 수 있는 놀이입니다. 어떤 주제와 관련해 모든 사람이 자신이 쓴 낱말을 말하면 각자 점수를 계산하고 공감 점수를 확인하는 방식이죠. 주제로 우리 반의 장점 5가지를 적어보기로 했습니다. 돌아가면서 자신이 적은 낱말을 말하고 같은 낱말을 적은 학생은 손을 들어서 공감 점수를 나누었는데, 공감 점수가 높은 학생은 친구들의 마음을 잘 알고 자신이 하는 말이 큰 공감을 받을 수 있음을 알게 된 시간이었습니다.

놀이 확장 TIP 공감 점수가 높은 학생뿐만 아니라 가장 낮은 학생도 찾아서, 비록 공감은 많이 받지 못했지만, 그만큼 독창적인 생각을 했다는 것에 대해 격려해줄 수 있다.

02
일심동체
텔레파시 퀴즈

 모둠끼리 같은 동작이나 낱말을 말해야 해요

#협력 #공동체 #의사소통 #언어와 상징

제시어에 대해 말이나 동작을 표현하는 모습
"하나, 둘, 셋!" 하면 같은 말이나 동작을 표현하는 활동이다. 제시어나 문제가 나오면 팀원과 상의하지 않고 바로 말하거나 동작으로 표현해야 한다.

● 준비물 다양한 제시어

┄┄┄┄┄┄┄┄┄┄┄┄┄┄┄┄┄┄┄┄┄┄┄┄┄

1. 앞으로 나온 팀에게 제시어를 준 후에 "일심동체 텔레파시 퀴즈, 하나, 둘, 셋!" 하면 팀원이 함께 정답을 말한다.
2. 정답이 하나라면 모두 같은 것을 말해야 하고, 정답이 여러 개면 모두 다른 것을 말해야 한다.
3. 정답이 하나인 경우 한 글자씩 이어가면서 말하는 방법도 있다.
4. 동작으로 표현해야 하는 문제를 중간에 넣어서 진행할 수 있다.
5. 활동 후 소감을 나눈다.

나쌤의 수업 나눔과 성찰

모둠별로 돌아가면서 몸으로 같은 동작을 표현하고, 모두 같은 낱말을 답해야 하는 놀이입니다. 단 서로 의논할 수 없기 때문에 서로 어떤 생각을 하고 있을지 텔레파시를 보내며 서로의 생각을 추측해서 답해야 하죠. 팀원이 모두 같은 말이나 동작을 해야 점수로 인정합니다. 예를 들어 '여름에 하는 것'이라는 문제를 냈을 때 세 명은 수영을 동작으로 표현하고, 한 명은 부채질을 하는 등 다를 수 있겠죠? 마음이 맞지 않으면 다시 마음을 맞춰보기 위해 도전하는 아이들의 모습을 볼 수 있습니다.

놀이 확장 TIP 좀 더 명확하게 하려면 제시된 주제에 대해 자신이 생각하는 답을 쪽지에 먼저 쓴 후에 표현하면 중간에 애매한 동작이나 말을 해도 정확하게 확인할 수 있다.

03
함께 쓰는 시, 이야기

 함께 글을 쓰면서 아이디어를 확장해요

#언어와 상징 #지식정보처리 #공동체 #의사소통

시나 짧은 이야기를 함께 완성해가는 모습
시는 모둠 안에서 돌려 쓰는 것이 좋고, 길이가 상대적으로 긴 이야기는 분단이나 학급 전체가 쓰는 방식으로 할 수 있다.

● 준비물 A4용지나 공책, 서로 다른 색의 펜

함께 놀이해요!

1. 각자 종이에 주제와 제목을 정하고 첫 문장을 쓴다.
2. 종이를 모둠/학급 전체에게 돌려 가면서 한 문장씩 이어서 쓰도록 한다.
3. 완성되면 마음에 드는 문장이나 표현을 찾는다.
4. 완성된 시/글을 게시판에 게시하고 가장 멋진 작품을 함께 선정한다.
5. 활동 후 소감을 나눈다.

나쌤의 수업 나눔과 성찰

'우리 반'이라는 주제로 시를 쓰는 시간이었습니다. 시는 모둠 안에서 돌려 쓰는 방식으로 했죠. 각자 종이에 우리 반을 대표한다고 생각하는 제목을 쓰고 다음 친구에게 종이를 넘겼습니다. 다만 시간이 너무 오래 지체될 수 있기 때문에 1분 후에 옆으로 넘기도록 제한 시간을 두고 진행했죠. 저마다 제목에 어울리는 시구를 생각하는 모습이었습니다. 우리 반의 장점을 극대화한 작품부터 웃음을 유발하기 위한 작품까지 다양한 시가 만들어졌습니다. 활동 후 작품을 모아서 게시판에 붙였더니, 쉬는 시간 학생들이 너 나 할 것 없이 몰려들어 시를 읽는 데 열중하는 모습이 인상적이었습니다.

놀이 확장 TIP 작품이 완성되면 마음에 드는 문장이나 표현에 밑줄을 그어보고, 어떤 점이 마음에 드는지 모두에게 소개하는 시간도 가져본다.

04
텔레파시 놀이,
같은 곳을 바라봐!

 서로 텔레파시가 통했는지 알아볼까요?

#공동체 #의사소통 #상호존중 #갈등관리

만세~!

괜찮아~!

짝과 같은 방향으로 얼굴을 돌리면 성공
두 명씩 짝을 지어 왼쪽, 오른쪽의 선택지를 선택해 서로 얼마나 통하는지 알아보는 활동이다. 서로 통하면 함께 '만세'를 외치고, 통하지 않으면 서로 '괜찮아'라고 말해준다.

● 준비물 없음

1. 두 명씩 짝을 지어 서로 등을 대고 바닥이나 의자에 앉는다.
2. 신호에 맞추어 오른쪽이나 왼쪽으로 고개를 돌린다.
3. 마주 보는 방향이 같으면 텔레파시가 통한 것이다. 통하면 함께 "만세!"를 외치고, 통하지 않으면 서로 "괜찮아."라고 말해준다.
4. 몇 번 연습한 후 선택이 필요한 선택지를 만든다(짜장 대 짬뽕, 치킨 대 피자, 축구 대 피구, 엄마 대 아빠, 양념치킨 대 프라이드치킨, 국어 대 수학 등).
5. 미리 협의할 수 있는 시간을 주지 않고 바로 시작한다.
6. 진행자가 선택지를 제시하고 "하나, 둘, 셋." 하면 바로 대답한다.
7. 활동 후 소감을 나눈다.

나쌤의 수업 나눔과 성찰

남이 결정하는 대로 수동적으로 휘둘리며 스스로 선택하지 못하는 결정 장애를 겪는 사람이 의외로 많습니다. 그래서 어렸을 때부터 작은 것이라도 스스로 선택해보는 경험을 쌓는 것이 중요하죠. 어느 쪽을 선택해도 상관없는 선택지로 선택의 경험도 쌓고, 짝과 함께 얼마나 마음이 통하는지 알아볼 수도 있는 재미있는 놀이입니다. 놀이를 해보면 선택을 어려워하기도 하고, 친구와 같은 것을 선택하지 못하면 세상이 무너져 내린 것처럼 실망하는 아이도 있습니다. 이런 간단한 놀이를 통해 스스로 선택하는 연습을 해보는 한편, 서로의 생각이 항상 같을 수는 없다는 것도 경험하게 됩니다.

놀이 확장 TIP 익숙해지면 2개 중 하나를 선택하는 것이 아니라 하나의 키워드를 제시하고 떠오르는 단어를 말하는 것으로 확장할 수 있다. 예를 들어 "먹고 싶은 음식은? 하나, 둘, 셋." 해서 "비빔밥."이나 "떡볶이."라고 외치는 식이다.

05
공포의 숫자, 뭉쳐야 산다!

 위급한 상황에서 서로 돕는 경험을 해봐요

- -

#협력 #공동체 #의사소통 #문제해결

해당 번호가 나와서 쓰러질 때 옆의 친구들이 잡아주는 모습

마음속으로 1부터 5까지 숫자 중 하나를 생각한다. 진행자가 말하는 숫자에 해당하면 "으악!"이라고 크게 외치면서 천천히 쓰러진다. 이때 주변에서 잡아주면 살아난다.

● 준비물 잔잔한 BGM

함께 놀이해요!

1. 1부터 5까지 숫자를 마음속으로 정한다.
2. 전쟁 등 긴박한 상황을 설정하고 진행하면 더 몰입할 수 있다.
3. 진행자가 자신이 생각하는 숫자 총을 쏘면 슬로모션으로 쓰러진다.
4. 죽기 전 친구들이 잡아주면 살아날 수 있다.
5. 익숙해지면 숫자를 2개 이상 부른다.
6. 활동 후 소감을 나눈다.

나쌤의 수업 나눔과 성찰

위기의 순간에 서로 도우면서 연대와 협력의 의미를 경험하는 활동입니다. 먼저 안전한 놀이를 위해 책상을 교실 뒤쪽으로 밀어 공간을 넓게 확보했습니다. 그리고 잔잔한 배경음악을 틀어놓았죠. 아이들은 마음속으로 숫자 1~5까지 숫자 중 하나를 생각하며 걷다가 진행자가 말하는 숫자에 해당하면 "으악!"이라고 크게 외치면서 천천히 쓰러져야 합니다. 이때 주변에서 잡아주면 살아나는 것이 놀이의 포인트. 익숙해지면 숫자를 빠르게 부르거나 2~3개를 한꺼번에 부릅니다. 친구를 살려주거나 친구들이 살려주어서 든 생각이나 느낌을 나누면서 놀이의 의미에 대해 생각해보면 더 좋습니다.

놀이 확장 TIP 활동 후 돌아가며 '소감 나누기'를 했다. "웃으면서 했지만 실제 상황이라면 슬프겠다.", "친구들이 구해줘서 고맙다." 등의 이야기를 들으며 놀이의 의미를 생각해볼 수 있었다.

06
모둠 협동
골든벨

 협력할수록 문제를 더 잘 풀 수 있어요

#협력 #공동체 #지식정보처리 #문제해결

와~
우리가 맞혔다!

다른 모둠에서 낸 문제를 협력해서 맞히는 모습
'모둠 협동 골든벨'은 개인별로 각각 문제를 내고, 모둠원끼리 협의해서 좋은 문제를 모둠 대표 문제로 정한다.

● **준비물** 문제 카드(A4용지 8등분), 보드판이나 스케치북, 보드마카

함께 놀이해요!

1. 교과서의 중요한 부분을 개인별로 두 문제 이상 낸다.
2. 모둠에서 검토해서 모둠 대표 문제 4개를 선정해서 겹치지 않게 두 문제를 낸다.
3. 기본 점수로 5점씩을 받고 시작하며, 답을 맞힌 모둠이 한 모둠이면 3점, 두 모둠이면 각각 2점, 세 모둠 이상이면 각각 1점씩 받는다.
4. 모든 모둠이 정답을 맞힌다면 너무 쉬운 문제를 낸 것이기 때문에 출제한 모둠의 점수 1점을 감점하고, 모든 모둠이 틀린다면 너무 어려운 문제를 낸 것이기 때문에 마찬가지로 출제한 모둠의 점수 1점을 감점한다.
5. 가장 많은 점수를 받은 모둠이 승리한다.
6. 활동 후 소감을 나누고 문제를 다시 확인해본다.

나쌤의 수업 나눔과 성찰

모둠원끼리 서로 문제를 내고 풀어보는 활동입니다. 모둠끼리 돌아가면서 문제를 내고, 다른 모둠들은 모둠 내에서 협의해서 함께 푸는 방식이죠. 단 규칙이 있습니다. 문제를 너무 쉽게 내서 다른 모둠들이 모두 맞히면 문제를 낸 모둠의 점수를 깎고, 너무 어렵게 내서 맞힌 모둠이 하나도 없어도 점수를 깎죠. 공부한 내용을 정확하게 이해하고 있어야 문제를 낼 수 있고, 또 모둠 내에서 문제에 대해 협의하는 과정에서 많은 공부가 됩니다.

놀이 확장 TIP 각자 만든 문제를 모둠원이 함께 풀고 점검한 후 모둠 대표 문제로 내기 때문에, 자신이 낸 문제를 대표 문제로 뽑히게 하려고 노력하는 과정에서 의미 있는 학습이 일어난다.

07
이쪽으로,
저쪽으로!

우리 경험과 생각을 놀이로 나눠볼까?

#언어와 상징 #지식정보처리 #공동체 #의사소통

자신에게 해당하는 말이면 반대편으로 이동하는 활동 모습
교실 가운데를 기준으로 아이들을 양쪽으로 갈라서게 한다. 진행자가 경험, 생각, 느낌 등을 이야기하고, 자신에게 해당하면 가운데 선을 넘어 반대편으로 이동한다.

● 준비물 없음

1. 교실을 반으로 나누고 양쪽 벽에 절반씩 나눠서 붙는다.
2. 진행자가 외치는 말이 자신에게 해당하면 반대편으로 이동한다.
3. 이동할 때는 만세를 부르거나 춤을 춘다. 진행자가 "아이스크림을 먹었다."고 말하면 이동하면서 "아이스크림을 먹었다." 또는 "먹었다."를 반복한다.
4. 교사가 몇 번 진행하고 학생들이 돌아가면서 할 수 있도록 하면 좋다.
5. 활동 후 소감을 나눈다.

나쌤의 수업 나눔과 성찰

개학하는 날, 아이들에게 방학 때 무엇을 했는지 작성할 종이를 주고 적어서 내게 하는 경우가 많습니다. 하지만 아이들이 집에 돌아가고 나서야 볼까 말까 하죠. 때론 너무 바쁘거나 깜빡해서 안 보고 넘어가기도 합니다. 이 놀이를 통해 방학 때 무엇을 했고, 어떤 생각과 감정을 느꼈는지 알아볼 수 있었죠. 진행도 처음에는 교사가 하다가 몇 번 반복한 후 학생들에게 하도록 하니 자연스럽게 서로의 경험과 생각 등을 나누는 모습이었습니다. 말을 따라 하면서 만세나 춤을 추며 이동하도록 하면 좀 더 활기차고 즐겁게 할 수 있습니다.

놀이 확장 TIP 처음에는 경험한 내용에 대한 것으로 시작해서 점차 깊은 생각, 느낌 등으로 확장해 나가면 좋다.

08
우주여행
공 전달 놀이

협력해야 공을 잘 전달할 수 있어요

#협력 #공동체 #의사소통 #집중력

공(별)이 떨어지지 않고 여행할 수 있게 협력하는 모습

원으로 선 후 공을 전달하는 방식이다. 협력해서 공이 마치 우주의 별처럼 공중에서 떨어지지 않고 여행하게 하는 놀이이다.

● 준비물 크기가 모양이 다른 공 3~4개

함께 놀이해요!

1. 우주의 별들이 공전하는 것처럼 공을 정해진 위치에 맞춰서 전달한다.
   - 머리: 머리 위로 공 전달하기
   - 배: 배 위치로 공 전달하기
   - 다리: 발 위치에서 공 전달하기
2. 중간에 "뛰어." 하면 공을 가지고 있는 사람이 들고 한 바퀴 돈다.
3. 처음에는 1개만 가지고 하다가 익숙해지면 공을 추가한다.
4. 손등 위로 공을 굴려서 떨어뜨리지 않고 전달하는 연습을 한다.
5. 활동 후 소감을 나눈다.

나쌤의 수업 나눔과 성찰

스웨덴 아웃도어 교육 워크숍에 참여해서 본 내용을 우리 반의 상황에 맞게 재구성해봤습니다. 처음에는 "머리."라고 외치면서 시계 방향으로 공을 전달하죠. 공을 하나 더 추가해서 배 위치로 전달하면서 "배."라고 외칩니다. 하나 더 추가해서 다리 위치로 전달합니다. 이때도 "다리."라고 외치면서 전달합니다. 중간에 진행자가 "뛰어."라고 말하면 공을 가지고 있는 사람은 원 밖으로 한 바퀴 돌아와서 다시 공을 전달합니다. '수건돌리기'와 비슷해 보이지만 한 번에 공이 여러 개 있고, 공을 돌리다가 뛰어서 돌아오는 등 여러 명이 협력하여 참여할 수 있어서 좋았던 놀이입니다.

놀이 확장 TIP 손등 위로 공을 굴릴 때는 땅에 쉽게 떨어지므로 놀이 과정에서 함께 이야기를 나누도록 하여 자연스럽게 협력이 일어나게 한다.

09
고리 전달, 손에 손잡고!

협동의 진정한 의미를 생각해보는 시간

#협력 #공동체 #의사소통 #문제해결

서로 손을 잡고 고리를 전달해보는 활동 모습
고리를 전달할 때, 양옆에서 조금 더 잘할 수 있게 손을 들어주거나 잘 안 될 때 천천히 해도 된다는 응원의 말을 해주면 큰 도움이 된다.

● 준비물　훌라후프, 고리로 만든 로프, 신문지로 만든 목걸이, 타이머

함께 놀이해요!

1. 둥그렇게 서서 서로 손을 잡고 고리를 전달한다.
2. 고리를 전달할 때 더 잘할 수 있도록 응원 구호를 정하고 함께 외친다.
3. 고리가 전체를 한 바퀴 돌면 함께 만세를 부르며 기뻐하면 좋다.
4. 팀을 나눠 대결하는 형태이면 승패와 관계없이 끝까지 과제를 완수하는 것을 목표로 한다.
5. 전체가 원으로 만들어서 하는 형태라면 타이머로 시간을 측정한다.

나쌤의 수업 나눔과 성찰

놀이로 협동의 이미를 경험하고 또 함께 이야기해볼 수 있는 활동입니다. 손에 손을 잡고 고리를 계속 전달하면 되는데, 자신의 차례에서 팀원의 응원을 들으면서 하는 것과 "빨리 해.", "못 한다." 등의 말을 들으면서 하는 것은 전혀 다른 결과를 가져오죠. 첫 번째 판은 나름대로 협동하려고 노력했지만 과도한 도움이 오히려 방해가 되었습니다. 도움이 필요하지 않는데 도와주는 건 오히려 방해가 될 수 있음을 깨닫게 된 거죠. 이런 경험을 바탕으로 진행한 다음 판에서는 진정한 의미의 협동이 일어났습니다. 친구가 원할 때 도와주는 것, 돕기 전보다 상태가 나아지는 것이 협동임을 알게 된 거죠. 첫 번째는 3분 15초나 걸렸는데 두 번째는 2분 45초만에 고리를 전달했으니까요.

놀이 확장 TIP 종이처럼 쉽게 찢어지는 소재로 고리를 만들어 활동 난도를 좀 더 높여볼 수 있다.

□저학년 □중학년 □고학년 ■전학년   □개별 □짝 ■모둠 ■전체

10
협동
풍선 띄우기

한마음으로 높이 띄워보는 협동 풍선

#협력 #공동체 #의사소통 #갈등관리

초코파이는
우리 것~

서로 손을 잡고 한마음으로 협력해서 풍선을 띄우는 활동 모습
협력에 대해 생각해보기 위해 약간의 보상으로 경쟁 상황을 조성한다. 경쟁 속에서 오히려
협력의 의미를 깨닫게 되는 활동이다.

● 준비물 모둠별 풍선 1개씩

함께 놀이해요! ▶ -

1. 모둠별로 풍선을 하나씩 받고 원하는 크기로 불고 묶는다. 풍선 묶는 것도 모둠 내에서 협동으로 해결하도록 한다.
2. 모둠별로 바닥에 둘러앉아서 손을 잡고 풍선을 공중에 떠우는 개수를 더해서 많은 모둠이 승리하는데, 머리 위로 올라가는 것만 수를 센다.
3. 맞잡은 손이 떨어지거나 풍선이 땅에 닿는 순간까지의 수만 더한다.
4. 반드시 엉덩이를 바닥에 붙이고 있어야 하고, 자리에서 일어서지 않는다.

나쌤의 수업 나눔과 성찰 〜〜〜〜〜

협동의 진정한 의미를 알아보기 위해 오히려 경쟁 상황을 조성해보았습니다. 모둠 내에서는 협력해야 하지만 학급 전체적으로는 경쟁을 하는 구조입니다. 몰입을 위해 1등 팀은 초코파이, 2등은 멘토스, 3등은 그냥, 4등은 초코파이 포장지 정리, 5등은 멘토스 포장지 정리, 6등은 전체 정리라는 소소한 보상과 벌을 설정했죠. 경쟁에서 지면 모둠 내에서 서로 비난하고 더 잘하지 못한 것에 대해 투정을 부리기도 합니다. 활동 후 그런 부정적인 마음에 대한 이야기를 나누면 좋습니다. 예컨대 어떤 불편함이 있는지, 무엇이 문제인지 찾아본 후 미안한 마음을 나누고 학급 공동의 목표를 정하고 달성해 나갑니다.

놀이 확장 TIP 협력의 효과를 높이기 위해서 무엇이 필요하고 어떤 노력을 해야 하는지 등을 찾아보는 활동을 이어간다.

11
모둠 협동
저글링

공을 떨어뜨리지 않으려면 대화가 필요해!

#협력 #공동체 #의사소통 #문제해결 #집중력

공을 땅에 떨어뜨리지 않고 협력해서 주고받는 모습
모두가 공을 받고 던지는 데 참여하는 것이 원칙인 활동이다. 몸으로 또 대화로 협력하는
방법을 배울 수 있는 활동이다.

● 준비물   여러 개의 공이나 푹신한 주사위

함께 놀이해요!

1. 모둠원끼리 공을 주고받는다.
2. 모둠 내에서 정한 순서대로 공을 던지고 받는다.
3. 중간에 떨어지면 그 사람부터 이어서 시작한다.
4. 성공하면 공의 수를 늘려서 모두 떨어뜨리지 않고 처음부터 끝까지 전달하는 것을 목표로 도전해본다.
5. 성공하면 맨 끝 사람부터 반대 순서대로 공을 던지고 받는다.
6. 위의 과정을 반복하고 전체적인 소감 나누기를 한다.

나쌤의 수업 나눔과 성찰

공이 땅에 떨어지지 않도록 대화를 나누며 협력해야 하는 활동입니다. 두 팀으로 나누고 팀당 공 5개를 처음부터 끝까지 떨어뜨리지 않고 모두가 받으면서 전달하는 것을 목표로 했죠. 두 번 만에 성공한 팀도 있지만, 계속된 실패로 스무 번도 넘게 시도한 팀도 있었습니다. 이처럼 잘 안 되면 서로에게 불편한 감정도 오고 갈 수 있습니다. 그 과정에서 공을 땅에 떨어뜨리지 않고 주고받기 위해 어떤 것을 노력해야 하는지, 또 더 잘해 내기 위해 필요한 것이 무엇인지 함께 이야기를 나누도록 하면 진정한 협동의 의미를 배워갈 수 있습니다. 어렵게 성공한 후에 함께 뿌듯해하던 아이들의 모습이 눈에 선합니다.

놀이 확장 TIP   실패는 끝이 아니므로, 재도전 기회를 통해 모두가 성공 경험을 누리게 하는 것이 좋다.

12
짐볼
돼지 피구

땀 흘리며 하나 되는 즐거운 교실 피구

#공동체 #신체감각 #집중력

꿀꿀~

또 굴린다~!

교실 바닥에 앉아서 하는 피구 활동 모습
아웃될 때 '꿀꿀' 돼지울음 소리를 내며 벽으로 이동하며 즐거움이 배가되는 교실 피구이다.

● 준비물 짐볼(짐볼이 없으면 피구공으로도 가능)

함께 놀이해요!

1. 교실 운동장 대형을 만든다.
2. 공격을 할 때는 신체의 일부를 교실 벽에 붙여야 한다.
3. 공을 피할 때는 점프는 가능하지만 다리를 완전히 펴서 일어서는 것은 반칙이다.
   한 번 경고 후 반칙이 반복되면 아웃된다.
4. 공에 맞아 아웃되면 '꿀꿀' 돼지 울음소리를 내면서 나간다.
5. 활동 소감을 나눈다

나쌤의 수업 나눔과 성찰

교실에서도 다 함께 즐길 수 있는 피구로 언제 해도, 누구랑 해도 즐거운 활동
입니다. 먼저 책상을 밀고 공간을 만들어서, 각자 등을 벽이나 책상에 붙입니
다. 규칙은 공을 던지면 안 되고, 굴려야 합니다. 포인트는 아웃될 때 돼지울음
소리를 내고 벽으로 이동하는 거죠. 공을 피하는 과정에서 구르거나 무릎을 펴
지 않는 상태에서 점프할 수 있습니다. 무릎을 펴고 완전히 일어서거나 공이 닿
으면 아웃입니다.

(놀이 확장 TIP) 아이들과 함께 재미있는 규칙을 만들어 추가하면 한층 더
즐거운 놀이가 된다.

13

부활의
돼지 피구

규칙을 지키지 않으면 상대팀이 부활해요!

#공동체 #신체감각 #협력 #집중력

아차~! 방심…

아웃~~

공격은 앉고, 수비는 서서 하는 부활 돼지 피구 활동 모습
좁은 공간에서 하기 때문에 무릎 아래로만 공을 던져야 한다. 굴러간 공을 맞아도 아웃이
고, 공을 잡아도 아웃이다.

● 준비물 피구공, 마스킹테이프나 분필

함께 놀이해요! -

1. '짐볼 돼지 피구'와 달리 공격 모둠과 수비 모둠을 정한다.

2. 수비는 일어서서 자유롭게 움직이고 뛰어 피할 수 있다.

3. 반드시 앉은 상태에서 공격을 한다. 수비의 무릎 위로는 공을 던질 수 없다. 던지면 수비 모둠 한 명이 부활한다. 공격 영역 안에서 공을 잡지 못해 벽에 맞으면 수비 모둠 한 명이 부활한다.

4. 수비 모둠은 아웃되면 포로수용소에서 아웃이 된 순서대로 앉으며, 순서대로 부활한다.

5. 정해진 시간이 지나면 공격과 수비의 역할을 바꾼다.

6. 활동 후 소감을 나눈다.

나쌤의 수업 나눔과 성찰

공격과 수비가 구분된 점에서 '짐볼 돼지 피구(192~193쪽)'와 다릅니다. 수비 무릎 위에 맞으면 미리 아웃 되어 있는 수비 모둠원이 순서대로 부활하죠. 부활이 가능하다는 점과 금방 끝나서 다시 할 수 있다는 점이 이 활동의 매력입니다. 팀으로 나누어서 모두가 아웃되는 데 걸리는 시간을 측정하면서 활동했습니다. '짐볼 돼지 피구'와는 또 다른 재미가 있는 활동입니다.

놀이 확장 TIP   모두 아웃되는 데 걸리는 시간을 측정하는 방법과 정해진 시간 동안 몇 명이 살아남는지로 대결해볼 수 있다.

14

가위바위보, 팀원을 뺏어라!

 단체 가위바위보로 우리 팀원을 늘려가요

- -

#협력 #공동체 #의사소통 #집중력

이기면 상대편 팀원을 포로로 데리고 오는 단체 가위바위보 활동 모습
팀원을 같은 수로 나누어 시작하지만, 가위바위보 대결을 하면 할수록 팀원이 많아졌다가 줄어들었다가를 반복하게 된다.

● 준비물 없음

함께 놀이해요!

1. 가위바위보 전에 모둠원끼리 협의해서 모두 같은 것을 낸다.
2. 액션 가위바위보(큰 동작)로 하면 더욱 좋다.
3. 비길 경우를 생각해서 세 번 정도 낼 것을 미리 협의한다.
4. 이긴 모둠에서 진 모둠원 한 명을 데리고 온다.
5. 다음 판에는 두 명, 그 다음 판은 세 명씩 수를 늘려가며 데리고 올 수 있어 얼마든지 역전이 가능하다.
6. 열 명으로 시작했으면 세 명 이하가 되는 쪽이 지는 식으로 정할 수 있다.

나쌤의 수업 나눔과 성찰

가위바위보로 팀원을 늘려나가는 활동입니다. 어떤 것을 낼지 함께 정했기 때문에 이기면 함께 기뻐하고 져도 책임을 함께 나누는 활동이죠. 끝날 때까지 어느 팀이 이길지, 질지 알 수 없어서 더욱 흥미진진했습니다. 가끔 집중하지 않아서 팀원과 가위바위보에서 다른 것을 내는 경우가 있는데, 이런 경우 어떻게 할지 미리 정하고 시작하는 것도 좋습니다. 단, 주의할 점은 상대 팀에 뺏겼다가 다시 데리고 온 친구를 놀리지 않기로 약속하고 시작합니다. 지금 우리는 한 팀이니까요.

놀이 확장 TIP 한 명이나 두 명씩 데리고 오는 것으로 했다면 방금 데리고 온 사람은 바로 다시 데리고 갈 수 없다는 규칙을 넣어야 골고루 움직이게 된다. 최종적으로 팀당 세 명 이하가 되면 지는 것으로 할 수 있고, 데려갈 수 있는 숫자가 부족할 때 지는 것으로 간주할 수도 있다.

□저학년 ■중학년 ■고학년 □전학년　　　　□개별 □짝 ■모둠 ■전체

15
모두 돌아오는
짐볼 저글링

 친구야, 내 짐볼을 받아줘!

- -

#협력 #공동체 #의사소통 #집중력 #갈등관리

모두가 최소 한 번씩 받을 수 있도록 서로에게 짐볼을 굴리는 모습
특정 학생에게 짐볼이 계속 쏠리거나 반대로 놀이에서 소외되지 않고 모두가 공을 굴리고 받을 수 있는 기회를 골고루 갖는 것이 중요하다.

● 준비물 짐볼 1~3개, 의자 또는 원 마커

함께 놀이해요!

1. 의자나 바닥에 빙 둘러앉는다.
2. 짐볼 1개를 굴리는 데 모두가 한 번씩 받을 수 있도록 굴린다.
3. 마지막에 처음 굴린 사람에게 짐볼이 돌아오면 성공이다.
4. 굴리기 전에 받는 친구의 이름을 부르는데, 바로 옆 사람에게는 굴릴 수 없다.
5. 익숙해지면 한 바퀴 돌아오는 데 걸리는 시간을 줄이는 것에 도전한다.
6. 짐볼 개수를 2~3개로 늘려서 난도 높은 단계에 도전해본다.

나쌤의 수업 나눔과 성찰

의자에 앉은 후 짐볼을 주고받을 때, 겹치지 않으면서 모두가 한 번씩 받는 것으로 했습니다. 굴리기 전에 먼저 이름을 부르기로 했고, 또 바로 옆자리는 줄 수 없는 것으로 했죠. 또 공을 아직 받지 않았다면 손을 들어서 표시해주기로 했습니다. 아이들이 짐볼을 생각보다 잘 굴려서 거의 정확하게 굴러갑니다. 순서를 기억한 후 빠르게 한 바퀴 돌아오도록 연습했습니다. 중간에 멈추지 않고 전달하려면 어떻게 해야 하는지 중간에 회의하면서 했습니다. 첫 도전에서 1분 30초였는데 44초까지 줄여봤습니다. 비록 30초 안에 들어오는 것은 성공하지 못했지만 44초도 엄청 훌륭하다며 아이들을 격려했습니다.

놀이 확장 TIP 멈추지 않고, 짐볼을 계속 굴리는 것에 도전한다. 중간에 멈추면 멈춘 사람부터 다시 시작해서 한 바퀴 돌아오는 것에 도전한다. 친구의 이름을 부를 때, 그 친구에게 고마운 점 또는 미안한 점 등을 이야기한 후 짐볼을 굴리면 훨씬 의미 있는 놀이로 발전된다.

16
순서대로
발 위에 공 전달

 조심조심, 공은 우리 두 발을 타고~

#협력 #공동체 #의사소통 #집중력

영차~

협동해서 옆 친구에게 발로 공을 운반하는 모습
이 놀이가 원활하게 운영되려면 상대가 받기 좋게 공을 전달해주어야 한다. 사소한 배려이
지만, 이 과정에서 상호존중의 마음을 기를 수 있다.

● 준비물 의자, 피구공, 타이머

함께 놀이해요!

1. 의자로 원을 만들어 둘러앉는다.
2. 두 발 위에 공을 올리고 옆 사람에게 전달한다.
3. 손을 대지 않고 공을 전달해야 한다.
4. 중간에 땅에 떨어지면 처음부터 다시 시작한다.
5. 익숙해지면 2곳, 3곳, 4곳에서 동시에 출발한다.

나쌤의 수업 나눔과 성찰

의자에 동그랗게 둘러앉은 후 발 위에 피구공을 옆 친구에게 손을 사용하지 않고 전달합니다. 처음에는 4명까지 성공했습니다. 다음은 3명까지 성공했죠. 공이 바닥에 떨어지면 그 사람부터 다시 이어서 하면 됩니다. 중간에 비난을 하면 멈추고 사과를 한 후 잠시 뒤로 빠지기로 했습니다. 그리고 친구를 비난하지 않고, 응원할 준비가 되면 그때 다시 돌아와 놀이하는 것으로 정하고 시작했죠. 5명 성공, 6명 성공, 7명까지 성공했습니다. 공동의 목표를 이야기했습니다. 10명을 넘으면 모두 사탕을 1개씩 받고, 12명을 넘으면 아이스크림을 1개씩 먹기로 하자 아이들이 갑자기 초인적인 힘을 발휘합니다. 무려 15명까지 성공했죠. 포스트잇에 적어두고, 모두가 나오는 날 아이스크림을 먹기로 약속했습니다.

놀이 확장 TIP 익숙해지면 좀 더 난도를 높여보자. 다양한 크기의 공을 사용해서 여러 곳에서 출발해보는 것이다. 이 경우 계속 또 다른 공이 돌아오기 때문에 한층 집중하면서 놀이에 참여하게 된다.

17
깜깜이
악어 지킴이

보이지 않는 적으로부터 내 악어를 지켜요!

#청각자극 #집중력 #신체감각 #자기관리

내 악어는
내가 지켜~

악어(빨래집게)를 지키려는 술래와 뺏으려는 도둑의 대결 모습
악어를 뺏으려는 욕심에 무리하게 달려들다가 자칫 불쾌한 신체 접촉이 일어날 수 있다. 함께
즐거운 놀이를 위해 사전에 관련된 규칙을 정하는 것이 좋다.

● 준비물 빨래집게, 안대, 타이머, 신나는 BGM

함께 놀이해요!

1. 그룹(5~6명)을 나누고 술래(안대 착용)를 뽑아 술래를 중심으로 원을 만든다.
2. 술래의 몸에 붙어있는 집게를 떼는(또는 반대로 붙이는) 형태로 놀이한다.
3. 술래는 소리를 듣고 도둑이 오는 방향으로 손가락을 가리키면 도둑은 죽는다. 죽은 악어 도둑은 10초가 지나면 부활한다.
4. 악어 도둑은 한 번에 2명 이상 다가갈 수 없고, 술래도 한 번에 한 방향만 손가락 총으로 공격할 수 있다.
5. 정해진 시간 동안 악어를 지켜낼지 모두 뺏길지 대결하면 된다.

나쌤의 수업 나눔과 성찰

모둠별로 돌아가면서 악어 지킴이가 됩니다. 몸에 지켜야 할 악어(빨래집게)를 10개 달고, 안대를 쓴 채 악어 사냥꾼들을 기다립니다. 놀이의 재미를 배가시키기 위해 〈인디아나 존스〉 OST를 들으면서 1분 동안 사냥과 방어를 했습니다. 출발점은 사물함입니다. 사물함에 손을 올려두고, 음악이 나오면 출발! 악어 주인에게 손가락 총을 맞으면 다시 사물함으로 가서 10초 동안 손을 올리고 있어야 부활입니다. 또 악어 사냥에 성공해도 사물함으로 가서 5초 동안 손을 올리고 있어야 다음 사냥을 떠날 수 있습니다. 이렇게 약속했는데 아이들은 역시 아이들입니다. 곧바로 사냥에 나섭니다. 하지만 이러한 사정을 알 길이 없는 악어 지킴이는 악어를 지키느라 애를 씁니다.

놀이 확장 TIP 아웃되면 부활 미션을 하고 출발하는 것으로 바꿔볼 수 있다. 아이들과 함께 재미있는 부활 미션을 만들어보자.

18
협동 탁구공
전달 놀이

데굴데굴, 탁구공 운반 레일을 만들어요!

- -

#협력 #공동체 #의사소통 #집중력 #갈등관리

얘들아~
연결 부위 조심!

함께 레일 위로 탁구공을 조심스럽게 운반하는 모습
탁구공이 원활하게 계속 이동하려면 협동이 중요하다. 놀이할 때 자유롭게 전략을 소통할
수 있는 분위기를 만들어주는 것이 좋다.

● **준비물** 탁구공 여러 개, 두꺼운 종이(A4나 B4 이면지도 가능)

함께 놀이해요!

1. A4용지나 B4용지를 접어서 탁구공을 운반할 레일을 만든다.
2. 학급 전체가 원으로 서거나 앉은 후 한 바퀴를 돌아오는 연습을 한다.
3. 땅에 떨어지거나 손에 닿으면 처음으로 돌아가서 다시 시작한다.
4. 한 바퀴 돌아오는 데 걸리는 시간을 측정하고 최단시간 기록에 도전한다.
5. 팀을 나누고 정해진 위치까지 탁구공을 운반한다.
6. 탁구공을 전달하고 맨 끝으로 가서 이어받는다.
7. 땅에 떨어지거나 손에 닿으면 다시 처음으로 돌아간다.

나쌤의 수업 나눔과 성찰

A4용지를 2번 접어서 탁구공을 운반하는 모노레일을 만들었는데, 막상 활동해 보니 B4용지로 해야 길이가 더 좋겠다는 생각이 들었습니다. 하지만 아침에 적은 미덕 캘리그라피 종이를 재활용하기 위해서 그냥 A4용지로 진행했습니다. 다시 시도할 때마다 시간이 줄어들면 아이들이 크게 환호합니다. 학급 전체 미션을 한 후 모둠 미션 활동을 했습니다. 탁구공을 전달하고 맨 끝으로 가서 이어 받아야 하는데 구경만 하고 있거나, 너무 서두르다가 땅에 떨어뜨리는 경우 등이 반복되었지만 결국에는 미션에 성공했습니다. 다른 팀이 하는 것을 지켜볼 때는 우리는 더 잘할 수 있다고 자신하지만 막상 해보면 어렵다는 것을 알게 됩니다. 더 나은 방법을 찾기 위해 시행착오를 반복하고 그 과정에서 대화를 나누며, 새로운 방법, 더 나은 방법을 찾게 됩니다.

놀이 확장 TIP 팀별로 탁구공을 각각 5개, 7개 운반했다면 다음 놀이를 할 때 기회를 5번, 7번 주는 식으로 적용하면 놀이를 계속 이어서 발전시킬 수 있다.

19

협동 작전,
도넛을 모아라!

우리 함께 힘을 합쳐 도넛을 많이 모아보자!

#협력 #공동체 #의사소통 #집중력 #갈등관리

친구들과 함께 집중해서 도넛을 모으는 아이들의 모습
끝까지 집중력을 잃지 않는 것이 중요하다. 거의 다 왔다고 생각하는 순간에 어느 한 사람만 긴장이 풀려도 고리를 아깝게 놓치는 경우가 종종 발생하기 때문이다.

● 준비물 고리 던지기 세트

함께 놀이해요!

1. 고리 던지기 세트를 준비한다.
2. 모둠원 4명이 검지를 이용해서 고리의 균형을 잡는 것을 연습한다.
3. 4명이 협동해서 이동시켜 고리를 걸어야 점수를 얻는다.
4. 고리가 바닥에 떨어지거나 검지를 굽히거나 잡으면 처음으로 돌아간다.
5. 정해진 시간 동안 모은 고리를 활용해서 다음 고리 던지기 활동에 사용한다.

나쌤의 수업 나눔과 성찰

훌라후프를 활용한 놀이를 하려다가 훌라후프가 보이지 않아서 고리 던지기를 활용한 이 놀이를 생각해냈습니다. 대결 순서를 정한 후 먼저 손가락 위에서 고리의 균형을 잡는 연습을 했습니다. 그러고 나서 대결을 시작했죠. 1분 30초 동안 고리를 옮겼습니다. 검지를 접거나 땅에 떨어지거나 손으로 잡으면 처음부터 다시 해야 하므로 서두르면 오히려 손해입니다. 천천히 4명이 함께 협동해야 실수가 줄어들고, 결과도 더 좋습니다. 아이들이 놀이를 통해 협동하는 연습을 하면 좋겠다는 마음에 놀이를 준비합니다. 중간중간 날카로운 말들이 오가는 경우도 있지만, 결국 서로 배려하고 감싸줄 때 더 좋은 결과를 얻게 된다는 것을 깨닫게 됩니다. 말만으로 제대로 가르칠 수 없기 때문에 활동을 통해 온몸으로 직접 느끼게 하는 것이 가장 좋은 방법이라는 생각입니다.

놀이 확장 TIP 모은 도넛을 이용해서 고리 던지기를 하면 좋다. 고리를 가장 적게 모은 모둠을 기준으로 해서 개인당 1개 이상 던질 수 있게 보충해준다. 모든 모둠에 기회가 돌아가 누구나 최소 한 번씩은 던져 빠짐없이 참여할 수 있도록 진행하는 것이 좋다.

20
주사위 숫자
미션 놀이

 미션을 수행하며 쑥쑥 올라가는 팀워크!

#공동체 #신체감각 #집중력

미션 클리어~

주사위에 나온 숫자에 해당하는 미션을 수행하는 아이들의 모습
미션을 수행하는 아이들 외에는 모두 자리에 앉아 있도록 한다. 그렇지 않으면 미션을 수행하는 친구와 부딪혀 부상이나 다툼이 생길 수 있다. 아울러 미션 수행 공간도 충분히 확보하자.

● 준비물 폼 주사위, 주사위 숫자별 미션

함께 놀이해요!

1. 팀을 나누고 주사위 숫자 미션을 정한다.
   - 주사위 숫자 1. 팔 벌려 뛰기 5번
   - 주사위 숫자 2. 코끼리 코 3바퀴
   - 주사위 숫자 3. 앉았다 일어서기 4번
   - 주사위 숫자 4. 스쿼드(기마 자세) 5초
   - 주사위 숫자 5. 팔꿈치로 이름 쓰기
   - 주사위 숫자 6. 친구 5명과 하이파이브
2. 주사위를 던져서 나온 숫자에 해당하는 미션을 수행하고 반환점을 돌아온다.
3. 이어달리기로 모두가 먼저 들어온 팀이 최종적으로 승리한다.

나쌤의 수업 나눔과 성찰

친구들과 함께 즐겁게 미션을 수행하면서 신나게 놀 수 있는 활동을 준비했습니다. 먼저 앉은 상태에서 10명씩 팀을 나누고 주사위를 한 개씩 주었습니다. 첫 번째 사람이 던지고 미션을 모두 수행한 후 다음 사람에게 주사위를 줍니다. 같은 방식으로 마지막 사람까지 미션을 먼저 수행한 팀이 승리합니다. 첫 판은 1모둠과 2모둠과 3모둠 절반팀이 승리했습니다. 뒤에서부터 처음 사람까지 돌아오는 것으로 2차 대결을 했습니다. 2번째 판은 3모둠 절반과 4모둠과 5모둠 팀이 승리했습니다.

놀이 확장 TIP 미션을 아이들과 함께 정하면 더 좋다. 체육 시간에 배운 스트레칭 동작 등을 활용해서 주사위 숫자별 미션을 만들어본다. 만약 시간이 충분하다면 그림으로 그린 후 주사위를 직접 만들어보면 더 즐겁다.

21
선택의 시간,
모서리 놀이

과연 술래는 무엇을 선택할까요?

#공동체 #의사소통 #언어와 상징 #지식정보처리

두근~
술래의 선택은?

모서리로 이동해 술래(왕)의 선택을 기다리는 아이들
술래가 어떤 것을 선택할지 모르는 상황에서 나머지 아이들은 이동하게 된다. 처음에는 놀이로 진행하지만 나중에는 문제를 내고, 답을 모서리별로 지정해서 이동한다.

● 준비물 안대, 의자, 콘이나 마스킹테이프

1. 술래인 '왕'을 선발한다.
2. 왕은 가운데 의자에 안대를 착용하고 앉는다.
3. 좋아하는 음식 4가지를 말하고, 모서리를 기준으로 음식을 칠판에 기록한다.
4. 학생들이 원하는 장소에 모두 이동하면 왕이 좋아하는 음식을 하나 말한다.
5. 술래의 선택에 따라 아웃된 학생들은 지정된 곳으로 이동한다.
6. 반복하여 진행하고, 최후의 1인이 남으면 다음 판의 왕이 된다.
7. 음식으로 몇 번 한 후 좋아하는 과목, 운동, 계절 등으로 변화를 줄 수 있다.

나쌤의 수업 나눔과 성찰

술래의 선택에 따라 탈락하거나 살아남는 반전이 있는 놀이입니다. 술래가 안대를 쓰고 가운데 의자에 앉아서 4가지 선택지 중 하나를 말하는데, 나머지 아이들은 술래의 선택에 따라 살아남거나 아웃됩니다. 따라서 술래가 어떤 선택을 할지 짐작해야 하고, 술래가 선택한 이유를 더 집중하여 듣게 되죠. 규칙은 간단하지만, 아이들이 정말 좋아하는 놀이 중 하나입니다. 또 선택지로 이동하는 것 자체가 놀이나 수업에 참여하게 만드는 효과가 있습니다. 선택한 곳이 좋은 이유와 선택하지 않은 3곳이 좋지 않은 이유를 찾아서 서로 다른 생각에 대해 이야기를 나눠보면 좋습니다.

놀이 확장 TIP 놀이로 몇 번 하다 토론으로 4가지 선택지를 주고 모서리 토론을 하면 그 에너지가 연결되어 즐거운 토론을 이어갈 수 있다.

22
점점 줄어드는 의자 놀이

하나씩 빠지는 의자와 함께 희소성을 배워요!

#공동체 #문제해결 #집중력 #갈등관리

신나는 음악에 맞춰 의자 주변을 돌고 있는 아이들
인원보다 적은 수의 의자를 차지하는 과정에서 많은 것을 생각하고 느낄 수 있는 놀이이다.
점점 줄어 가는 의자를 차지하려면 친구들보다 더 빠르게 움직여야 한다.

● 준비물 의자, 신나는 리듬의 BGM

1. 참가 인원보다 의자 하나를 적게 배치한다.
2. 음악에 맞춰 춤을 추면서 돌다가 신호에 맞추어 동시에 앉는다.
3. 한 의자에 둘 이상이 앉은 경우 조금이라도 먼저 앉은 사람에게 양보한다. 어느 쪽이 먼저라고 보기 어려우면 가위바위보로 결정한다.
4. 의자에 앉지 못하면 탈락한다.
5. 의자 수를 계속 줄여가며 최후의 의자 왕/여왕을 선발한다.

나쌤의 수업 나눔과 성찰

자원의 희소성 등에 대해 배울 때 함께하면 좋은 놀이입니다. 참가 인원보다 적은 수의 의자를 서로 차지하려는 과정에서 많은 것을 생각하고 느낄 수 있죠. 음악에 맞춰 춤을 추면서 돌다가 신호에 맞추어 앉는데, 조금이라도 먼저 앉은 사람에게 양보하고, 어느 쪽이 먼저라고 보기 어려운 경우에는 가위바위보로 결정하기로 했습니다. 최후의 의자를 차지하는 왕/여왕을 선발하는 것으로 끝낼 수도 있지만, 모두가 앉고 충분히 남을 정도로 의자를 많이 놓고 편안하게 앉아 소감을 나누며 정리하면 더 좋습니다.

놀이 확장 TIP 놀이 후 희소성에 관한 이야기를 나누는 시간을 가져본다. 모두 가질 수 없는 이유, 의자에 모두 앉을 수 없었던 이유, 체험을 다할 수 없는 이유는 모두 희소성 때문이다.

23
협동!
얼굴 이어 그리기

 친구의 얼굴을 떠올리며 한 부분씩 그려봐요!

#협력 #공동체 #의사소통 #상호존중 #갈등관리

친구들이 이어서 그려준 자기 얼굴 그림을 들고 있는 모습
돌아가며 그릴 때, 저마다 다른 색깔로 표현하면 누가 어떤 부분을 그렸는지 알 수 있다. 또 활동 전에 친구의 외모를 비하하거나 단점을 놀리지 않기로 약속한 후에 그리기 시작하면 좋다.

● 준비물 도화지, 그리기 및 채색 도구

함께 놀이해요! -

1. 첫 번째로 각자 받은 종이에 자신의 이름을 적고 오른쪽으로 넘긴다.
2. 친구 이름이 적힌 종이를 받으면 제시하는 부분을 그리고 옆으로 넘긴다.
   - 두 번째: 얼굴 윤곽을 그리고 옆으로 넘긴다.
   - 세 번째: 머리카락을 그리고 옆으로 넘긴다.
   - 네 번째: 눈을 그리고 옆으로 넘긴다.
   - 다섯 번째: 눈썹을 그리고 옆으로 넘긴다.
   - 여섯 번째: 코를 그리고 옆으로 넘긴다.
   - 일곱 번째: 입을 그리고 옆으로 넘긴다.
   - 여덟 번째: 귀와 액세서리를 그리고 옆으로 넘긴다.
3. 자신의 이름이 적힌 종이를 찾아서 가장 마음에 드는 부분을 찾아 소개한다.

나쌤의 수업 나눔과 성찰

함께 이어 그리며 친구의 얼굴을 완성해가는 협동 놀이입니다. 방법은 친구의 얼굴을 생각하거나 보면서 한 부분씩 그리는데 단, 종이의 주인공과 닮거나 특징을 살려 어울리게 그리도록 해야 합니다. 얼굴의 한 부분씩 그리면서 종이가 옮겨갈 때마다 주인공과 점점 비슷해져갑니다. 보는 사람도 그리는 사람도 즐겁습니다. 관찰력도 키우고, 서로에게 관심도 갖게 하는 활동입니다.

놀이 확장 TIP 완성된 작품 속 얼굴에서 가장 마음에 드는 곳을 소개하며 이야기 나누는 시간도 가져본다.

24
릴레이
모둠 협동화

함께 그리면 더 멋진 작품이 탄생할 거예요!

#협력 #공동체 #의사소통 #상호존중 #갈등관리

모둠원끼리 돌아가면서 그림을 완성해 나가는 모습
혼자 그림 그리기를 독점하지 않도록 개인별로 그리는 시간을 제한하는 것이 좋다. 모두가
골고루 참여하고 그림을 완성하는 데 기여할 수 있게 하는 것이 중요하다.

● 준비물　함께 그릴 그림, 종이(함께 그릴 만한 크기), 여러 색깔의 색연필

함께 놀이해요!

1. 3~4명이 팀이 되어 서로 다른 색연필을 준비한다.
2. 모두가 동등하게 참여한다(예컨대 삼각형을 3명이 각각 한 변씩 그려서 완성하거나, 무지개를 그리고 색칠하는 데 돌아가면서 한 가지 색깔씩 칠하는 등).
3. 팀이 하나의 작품을 더 잘 완성하기 위해 어떤 노력을 해야 하는지에 관해 함께 이야기 나눈다.
4. 팀원 모두가 참여하여 그리지 않으면 완성되지 않는 다음 그림 미션을 통해서 함께 그리는 것을 연습한다.
5. 활동 후 소감을 나눈다.

나쌤의 수업 나눔과 성찰

갈등, 협력, 배려 등을 골고루 경험할 수 있는 모둠 놀이입니다. 큰 별을 그리고 꾸미는 것이 1차 과제입니다. 10초간 그리고, 다음 친구에게 넘깁니다. 모둠원 끼리 균형을 이룰 때 가장 멋진 그림을 그릴 수 있죠. 두 번째 과제는 자동차 그리기였는데, 첫 번째 별 과제 때와 달리 모둠별로 제각각 다른 모양입니다. 별로 연습을 해봐서 그런지 훨씬 잘해냅니다. 갈등이 발생하면 현명하게 해결하는 모둠이 있는 반면 감정이 상해 건성으로 참여하는 친구가 있는 모둠도 있습니다. 또 엄청 웃으면서 즐겁게 서로 칭찬하면서 완성하는 모둠도 있습니다. 활동을 마치고 소감을 나눴습니다. 활동의 의미를 제대로 이해하고 있는 아이들이 많았고, 그런 이야기들을 공유하면서 훈훈하게 마무리했습니다.

놀이 확장 TIP　교과 내용과 관련시켜 발전시켜본다. 예컨대 삼각기둥, 원기둥, 원뿔 등 수학 입체도형에 대해 배운 후 함께 그려보면 해당 개념에 대한 이해에 따라 그림의 완성도가 달라진다.

재미있는 놀이와
신나는 자기주도학습

놀이가 가진 재미는 아이들을 자발적으로 몰입하게 합니다. 놀이 안에서 저마다 성장을 경험하는 거죠. 공부도 스스로 재미있게 몰입할 수 있다면 얼마나 좋을까요? 요즘은 이미 초등학교부터 학력 격차가 커지고 점차 누적되고 있습니다. 이러한 격차가 벌어질수록 배우고자 하는 의욕도 점차 사라지죠. 자연히 공부는 점점 지긋지긋하고 진절머리 나는 일이 되어갑니다. 평생 배움의 시대를 살아갈 아이들에게 배움이 즐거운 일임을 스스로 깨닫게 할 순 없을까요? 놀이처럼 수와 상징, 텍스트를 재미있게 익히고, 또 놀이로 수업시간에 배운 내용을 개념화하여 오래도록 기억하며 자신의 것으로 만들어가는 것입니다. 아이들이 놀이와 함께 공부에 조금씩 재미를 붙여가며 배움을 주도하는 자기주도학습자로 성장하기를 바랍니다. 그래서 이 장에서는 배움의 기초체력이라 할 수 있는 문해력, 지식정보처리 등 다양한 역량과 기초학력을 키우는 데 도움이 되는 놀이들을 중심으로 골라보았습니다.

5장

기초학력과 문해력
수업놀이

01
뒤죽박죽
낱말 맞히기

공부한 내용의 핵심낱말 순서를 맞혀요

#문해력 #기초학력 #언어와 상징 #지식정보처리

뒤섞여 있는 포스트잇에 적힌 낱글자를 순서에 맞게 맞추는 놀이
중요한 내용을 공부한 후 관련 핵심 낱말을 선정한다. 칠판이나 모둠 보드에 붙여서 문제를
내면 다른 모둠에서 손을 들고 뒤죽박죽되어 있는 글자 속에서 핵심 낱말을 찾아낸다. 더
헷갈리게 하려면 여러 문제를 한꺼번에 칠판에 붙여서 해당하는 낱말을 찾게 해도 좋다.

● **준비물** 포스트잇, 네임펜이나 매직, 퍼즐판(도화지나 모둠 보드판 등)

함께 놀이해요!

1. 배운 내용 중에 중요한 핵심 낱말을 찾는다.
2. 포스트잇 한 장에 한 글자씩 써서 순서를 바꾼다.
3. 손을 들거나 이름을 말하고 정답을 말한다.
4. 같은 문제는 한 번씩만 정답을 말할 기회를 갖는다.
5. 저학년이나 문제를 어려워하는 경우에는 순서를 바꾸지 않고 한 칸을 비워두고 채워 넣는 형태로 진행하는 것이 더 좋다.
6. 활동 후 소감을 나눈다.

나쌤의 수업 나눔과 성찰

수업 시간에 배운 내용의 핵심 낱말 순서를 맞히면서 공부하는 학습 놀이입니다. 아이들은 문제를 알아맞히는 것도 좋아하지만 직접 문제를 내는 것도 좋아하죠. 문제를 만들려면 해당 내용을 정확하게 알고 있어야 가능하기 때문에 놀이 자체로 학습 효과를 기대할 수 있습니다. 실제로 좋은 문제를 내려고 자발적으로 열심히 공부하는 아이들의 모습을 볼 수 있죠. '뒤죽박죽 낱말 맞히기'는 TV의 퀴즈 프로그램에서도 가끔 나오는데, 여러 가지 글자 중에 정답을 찾는 형태로 아이들이 특히 좋아해서, 한 번 시작하면 쉬는 시간에도 계속하자는 이야기가 나올 만큼 반응이 뜨겁습니다.

놀이 확장 TIP 문제를 모두 푼 다음에 핵심 낱말을 게시판에 붙여두고 계속 볼 수 있게 하면 교실은 어느새 자기주도학습 공간이 된다.

02
번호가 불리면
달려!

앉은 자리의 숫자가 불리면 냉큼 달려요!

#집중력 #기초학력 #신체감각 #문제해결

파이팅~

달려~ 달려~

번호가 불리면 재빨리 일어나 한 바퀴 돌고 앉은 모습
자신이 앉아 있는 자리의 번호(숫자)가 불리면 재빨리 일어나 돈다. 단순히 숫자를 부르는
활동을 넘어 사칙연산을 활용하는 방식으로도 응용할 수 있다.

● **준비물** 숫자 표시(0~10)용 마커, 콘

함께 놀이해요!

1. 0~10을 나타내는 마커(숫자 콘, 숫자 원 마커 등)를 바닥에 놓는다.
2. 순서대로 서거나 자리에 앉은 후 진행자가 말하는 숫자대로 재빨리 달려서 한 바퀴를 돌고 다시 자리에 앉는다.
3. 2~4팀으로 나눠서 먼저 앉는 대결을 할 수도 있다.
4. 익숙해지면 한 판이 끝나고 순서를 바꿔서 다시 놀이를 한다.
5. 손가락 3개를 들면 더하기 1을 하는 등 덧셈, 뺄셈과 연계해서 할 수도 있다.

나쌤의 수업 나눔과 성찰

아이들이 좀 더 수학과 친해지기를 바라며 놀이 수학, 수학 놀이를 꾸준히 공부하고 있습니다. 이번에는 번호가 불리면 달리는 놀이를 구상했습니다. 0~10까지 숫자 원 마커를 총 2세트 준비해서 22명이 참여할 수 있게 만들었죠. 우리 반은 21명이라서 한 팀은 10명입니다. 0이 나오면 1번인 사람이 뛰는 것으로 정했습니다. 뽑기 프로그램에 0~10번호를 입력해두고, 골고루 중복되지 않게 11번 반복했습니다. 그리고 번호를 바꿔서 앉아 다시 반복했습니다. 아이들이 엄청 좋아합니다. 먼저 우리 팀을 모두 돌아온 후 자기 번호를 외친 사람이 승리! 자기 차례가 아닌데 일어서면 1점씩 감점합니다. 수업놀이를 할수록 규칙을 어기는 아이들을 탓할 게 아니라 규칙을 지키기 쉬운 상황을 조성하고 합의된 규칙을 공평하게 적용하는 것이 효과적이라는 생각입니다.

놀이 확장 TIP 숫자를 바로 부르기보다는 숫자가 답인 퀴즈로 재미있게 발전시킬 수 있다. 예컨대 "개미의 다리 수는?", "14-8은?" 등으로 문제를 내고 6에 해당하는 사람이 먼저 돌아오면 이기는 식이다.

03
만남
OX 퀴즈

서로 퀴즈를 내고 문제 카드를 주고받아요!

#문제해결 #공동체 #의사소통 #지식정보처리

정답~

서로 문제를 내고 맞히며 카드를 주고받는 모습
친구가 맞힐 수 없게 무조건 어려운 문제를 낼 수 없게 하려면 자신의 문제 카드를 끝까지
가지고 있을 수 없게 규칙을 정하는 것이 좋다.

● **준비물** 문제 카드 개인당 3장, 필기도구

함께 놀이해요!

1. 개인당 3장의 종이를 받는다.
2. 이름을 맨 위에 적은 후에 주제와 관련된 문제를 쓰고, 아래 쪽에는 OX로 답을 적는다.
3. 2명씩 만나서 하이파이브를 하고 '가위바위보'를 해서 이긴 사람이 진 사람의 퀴즈를 듣고 풀고 역할을 바꾸어서 하고 문제를 맞히면 문제 카드를 가져간다.
4. 제한시간 동안 더 많은 문제 카드를 얻는 사람이 퀴즈 왕(여왕)이 된다.
5. 놀이 후 문제 카드들을 한곳에 모아 전체에게 퀴즈를 낸다.

나쌤의 수업 나눔과 성찰

김택수 선생님이 활용하는 모습을 보고 우리 교실에서 변형해서 활용하고 있습니다. 방학이 끝나고 개학식날에 문제 카드에 이름과 방학 때 한 경험이나 생각, 느낌 등을 적었습니다. 음악 2곡이 재생되는 시간 동안 교실 안을 자유롭게 돌아다니면서 친구들을 만나서 문제를 풀고, 맞으면 뺏어옵니다. 맞혀야만 가져갈 수 있기 때문에 누군가는 점차 카드가 많아지고, 누군가는 점차 줄어듭니다. 최종적으로 0개에서 5개까지 차이가 났습니다. 친구들이 방학 때 어떤 경험을 했는지 자연스럽게 알게 된 시간이었습니다.

놀이 확장 TIP 제한 시간이 지나면 얼마나 많은 문제 카드를 갖고 있는지 확인하고 기본 점수를 준다. 문제 카드를 걷어서 골든벨 퀴즈로 확장할 수 있다. 기본 점수에 골든벨 점수까지 더해서 최종 점수를 확인해본다.

04
문장 퍼즐
만들기

포스트잇 퍼즐로 학습 내용을 정리해요

#문제해결 #기초학력 #협력 #의사소통

한 글자씩 적은 포스트잇으로 문장을 만드는 모습

포스트잇에 한 글자씩 적어서 다른 모둠과 바꿔 문장을 만든다. 단, 문장이 너무 길면 조각을 맞추기가 어렵기 때문에 20자 내외로 만드는 것을 원칙으로 하면 좋다.

● **준비물** 포스트잇, 네임펜이나 매직, 퍼즐판(도화지나 모둠 보드 등)

함께 놀이해요! –

1. 모둠별로 20자 내외의 문장을 만든다.
2. 문장을 이루는 글자들을 포스트잇 한 장에 한 글자씩 잘 보이게 또박또박 적는다.
3. 포스트잇 종이를 퍼즐을 섞듯 잘 섞고 다른 모둠과 바꿔서 무슨 문장인지 맞춰본다.
4. 정답이면 문장 퍼즐을 만든 모둠과 함께 읽고, 틀렸으면 함께 고치고 나서 읽는다.
5. 잘 보이는 곳에 게시하고 소감을 나눈다.

나쌤의 수업 나눔과 성찰

학습 내용을 함께 정리할 때 시도하면 좋은 놀이입니다. 제한 시간을 정해놓고 하면 더 재미있습니다. 마침 이 날은 인권이라는 무거운 주제를 공부한 후 아이들과 학습 내용을 정리하기 위해 문장 퍼즐 만들기를 했습니다. 교실 뒤편에 함행우 인권 특공대 게시판을 만들어놓고, 모둠별로 만든 인권을 설명하는 문장을 게시해두고 다시 볼 수 있게 했습니다. 학생들이 함께 문제를 내고 어떤 내용이 정답일지 생각하면서 풀어가는 모습이 특히 보기 좋았던 활동입니다.

놀이 확장 TIP 글자 중 그림이나 숫자, 영어의 알파벳 등으로 바꿀 수 있는 것이 있다면 1~2개 바꿔 넣은 퍼즐로 만들어서 해볼 수도 있다. 예를 들어 '이다'에서 '이' 대신 숫자 '2'로 바꾸는 방식이다.

05

질문 눈 뭉치 만들기

질문 쪽지를 던지고, 함께 해결해볼까요?

#문제해결 #창의융합 #언어와 상징 #지식정보처리

이 질문에 대한 내 생각은?

궁금한 내용을 적은 질문 쪽지를 펼쳐보는 모습
궁금한 것이나 질문을 써보는 것도 연습이 필요하다. 쪽지는 종이비행기로 접어서 던질 수도 있고, 눈덩이처럼 구겨서 던질 수도 있다.

● 준비물 A4용지 등 질문 종이, 필기구

1. 활동 전 먼저 참고 영상 시청이나 교과서 등의 글을 읽는다.
2. 이야기의 흐름, 인물이 추구하는 삶 등 파악하고 싶은 질문을 종이에 적는다.
3. 질문을 적은 종이를 뭉쳐서 눈 뭉치로 만들거나 비행기 모양으로 접는다. 교실 가운데나 정해진 통에 던진다.
4. 몇 개의 질문 눈 뭉치를 선택해서 함께 읽고, 각자의 생각을 나누거나 또 다른 생각 눈 뭉치를 만들어 던져볼 수 있다.
5. 나머지 질문 눈 뭉치는 질문 게시판에 붙여두고 답(생각)을 써줄 수 있다.

나쌤의 수업 나눔과 성찰

궁금한 내용이나 하고 싶은 말을 쪽지에 적고 던져서 펼치면서 함께 해결해보는 활동입니다. 교사는 답하기보다는 전체 학생에게 질문의 답을 찾아볼 수 있게 하면 좋습니다. 활동 전에 서로 다른 성격을 가진 인물들에 대한 이야기를 읽었습니다. 이후 인물들의 말과 행동, 생각들 중 궁금한 점이나 해주고 싶은 말을 종이에 적어봤죠. 책상을 동그랗게 배치해서 앉은 후 가운데 상자에 종이 눈 뭉치를 넣는 것을 목표로 던지고, 그중 몇 개를 선택해서 답을 함께 찾아봤습니다. 수업 종이 친 후에도 아이들이 계속하자고 조를 만큼 즐거운 활동이었습니다.

놀이 확장 TIP 남은 질문은 질문 게시판에 붙여 포스트잇 등으로 각자 답을 붙여볼 수 있게 활동을 확장해본다.

06
브랜드 게임,
순서대로 말해요!

7가지 키워드가 절대 겹치면 안 돼요

#문해력 #기초학력 #협력 #집중력

도전~

주제에 해당하는 7가지를 순서대로 말하는 모습

7가지 키워드가 중복되지 않아야 한다. 모둠 내에서 대답할 순서를 정한 후 "도전."이라고 하면 시작한다. 3초 안에 대답하지 못하거나 앞사람이 대답한 것을 다시 이야기하면 실패.

● **준비물** 주제 카드(학습 후 복습), 타이머

함께 놀이해요!

1. 네 명이 한 모둠이 되어 게임할 순서(1 — 2 — 3 — 4 — 3 — 2 — 1)를 정한다.
2. 주제어가 제시되면 관련된 단어를 순서대로 말한다.
3. 3초 안에 말하지 못하면 실패로 순서를 바꿔서 다시 도전할 수 있다.
4. 모둠에서 정한 순서대로 7가지를 모두 말하면 성공이다.
5. 다 같이 숫자를 세면서 하면 더 즐거운 활동이 된다.

나쌤의 수업 나눔과 성찰

지식과 정보를 떠올리고 자신감 있게 말해야 하는 활동입니다. 실패하면 순서를 바꾸고 작전을 짤 수 있는 시간을 줍니다. 대기 중인 다른 모둠에서 3초를 함께 세어주면 더욱 즐겁게 할 수 있습니다. 주제도 다양합니다. 예컨대 과일의 종류, 스포츠의 종류, 역사 인물 등을 주제로 다양하게 브랜드 게임을 할 수 있습니다. 모둠별로 국어 시간에 배운 관용 표현을 공부한 후 도전했습니다. 놀이 전에는 교과서에 나오는 관용 표현을 낯설어하기도 했는데, 놀이가 끝나자 대부분의 관용 표현을 기억하는 모습이었습니다.

놀이 확장 TIP 속담과 같이 문장으로 된 관용 표현은 절반 정도를 교사가 먼저 읽어주고, 학생들이 뒷부분을 이어 말하게 하는 방법도 좋다.

07
포스트잇 부루마블

질문의 답을 알아맞히면 땅을 차지해요~

#기초학력 #문해력 #문제해결 #지식정보처리

앗, 내 땅이다~

포스트잇으로 문제 블루마블을 만들어서 활동하는 모습

문제에 대한 답을 풀이하는 경우에는 정답을 맞히면 땅을 사는 것처럼 소유권을 주고 통행료를 받는 형태로 진행할 수 있다. 이럴 때는 바둑알이나 공기 등 코인으로 사용할 물건을 나눠주고 정해진 시간 동안 더 많은 코인을 소유하는 사람이 승리하는 형태로 하면 더 즐겁게 공부할 수 있다.

● **준비물** 포스트잇, 필기구, 주사위, 지우개 등의 말, 바둑알이나 공깃돌

함께 놀이해요! -

1. 개인당 질문(퀴즈)이나 키워드 3개, 미션(기분 좋은 미션) 1개를 생각한다.
2. 포스트잇에 각각 질문을 적어서 원이나 네모 모양으로 적절하게 붙여 놀이판을 만든다.
3. 주사위를 던져서 나온 숫자만큼 이동한다. 출발 방향은 각자 다르게 할 수 있다.
4. 포스트잇에 적혀 있는 질문에 답을 하거나 미션을 수행한다.
5. 답이 정해져 있는 경우 맞히면 땅을 갖는 형태로 진행할 수 있는데, 다른 사람의 땅에 들어가면 코인(바둑알이나 공기 활용)을 통행료로 낸다. 단, 이때 문제를 풀면 1개, 못 풀면 2개를 낸다.
6. 정해진 시간 또는 ○바퀴를 순환한 후 남은 코인 수로 승패를 정한다.

나쌤의 수업 나눔과 성찰

부루마블처럼 주사위를 던져 말을 이동하면서 질문하고 답하는 활동입니다. 저는 수학 시간에 2단원을 끝내고 해보았습니다. 수학은 보통 단원이 끝나면 단원 평가를 보는 경우가 많죠. 이번에는 '포스트잇 부루마블'로 문제를 만들고 함께 풀면서 복습도 하고 재미있는 미션도 해보았습니다. 아이들은 공부보다는 놀이한다는 기분으로 다들 재미있게 참여했는데, 학습 효과도 좋았던 활동입니다.

놀이 확장 TIP 활동 후 다른 팀과 활동판을 서로 바꿔서 풀어보면 좀 더 다양한 문제를 만날 수 있다.

08
순서대로
밟아라!

어지럽게 놓인 숫자판을 밟으면서 말해요!

- -

#기초학력 #신체감각 #집중력 #시각자극

바닥에 어지럽게 놓인 숫자판을 순서대로 밟는 모습

숫자판과 숫자판 사이를 건너뛰도록 하면 자칫 숫자판과 함께 미끄러져 넘어질 수 있다. 따라서 다른 숫자판을 밟지만 않으면 땅을 밟고 이동할 수 있게 한다.

● 준비물 숫자 표시(0~10)용 원 마커

함께 놀이해요!

1. 먼저 모둠을 나누고 순서대로 숫자를 읽는 연습을 한다.
2. 숫자 원 마커 1~10을 골고루 섞어서 바닥에 놓는다.
3. 시작이라고 외치면 모둠 번호 순서대로 숫자 원 마커를 밟고 크게 외친다.
4. 마지막 숫자까지 다 밟고 외친 후에 다음 사람 이름을 크게 외치면 다음 사람이 이어서 한다.
5. 순서대로 끝까지 밟고 숫자를 외치는 데 걸린 시간을 측정한다.

나쌤의 수업 나눔과 성찰

원 마커 숫자를 이용한 놀이를 했습니다. 이 놀이는 머리와 몸을 함께 움직여야 해서 더 좋습니다. 1부터 10까지 순서대로 밟으면 되는데 10 대신 0을 사용했습니다. 0-1-2-3-4-5-6-7-8-9를 밟고 다음 번호를 부르면 됩니다. 타이머를 이용해서 모둠 대결을 했습니다. 밖에서 보면 쉬워 보이는데 막상 직접 해보면 다음 번호가 눈에 잘 들어오지 않아서 엉거주춤하게 됩니다. 그래도 순서를 정확하게 연습할 수 있어 좋습니다. 모둠별로 돌아가면서 한 후 10-9-8-7-6-5-4-3-2-1 수를 거꾸로 세면서 밟는 것으로 재대결하면서 복습했습니다. 아이들이 엄청 좋아합니다.

놀이 확장 TIP 순서대로 밟는 것에 익숙해졌다면 1~10까지 밟은 후 10~1까지 거꾸로 밟는 것으로 변형해본다. 또 짝수나 홀수로도 연습해본다. 모둠별로 숫자를 골고루 섞어서 순서를 만들고 다른 모둠과 빨리 밟기 대결을 통해 숫자와 친해지는 것도 좋다.

09
내가 추천하는 책은?

내가 너에게 이 책을 추천하는 이유는 말이지…

#문해력 #기초학력 #의사소통 #언어와 상징

추천할게~

이유가 궁금해~

친구에게 자신의 읽었던 좋은 책을 추천하는 모습
독서 교육이나 교육과정 속 책이나 도서관과 관련된 내용을 공부한 것과 연결시켜 활동하면 더욱 좋다.

● **준비물** 추천할 책 또는 독서 카드, BGM 2곡

함께 놀이해요!

1. 독서 카드(책 제목, 지은이, 간단 줄거리, 소감, 추천하는 이유 등을 적은)를 각각 3장씩 받는다.
2. 일정한 시간 동안 책을 읽거나 읽은 후 독서 카드 3장을 완성한다.
3. 정해진 시간 동안 돌아다니며 서로 책을 소개한 후 카드를 교환한다. 자신이 만든 카드는 반드시 모두 교환한다.
4. 카드 교환 시간이 끝난 후 3장의 독서 카드 중 가장 읽고 싶은 것을 1개씩 골라서 제출한다.
5. 더 많은 카드가 선택된 사람이나 팀이 승리한다.

나쌤의 수업 나눔과 성찰

읽어본 책 중에 좋아서 친구들에게 추천하고 싶은 책 3권을 독서 카드에 적습니다. 오토리 선생님의 독서 카드에 적는 것으로 했습니다. 적고 나서 친구들에게 소개하고 카드를 교환합니다. 자신이 만든 카드를 다 없애는 것이 기본입니다. 가지고 있어도 이어지는 활동에 활용할 수 없어 오히려 손해입니다. 잘 소개해서 친구들에게 나눠주어야 다음 활동에서 유리하다는 것을 알려주었습니다. 음악 두 곡을 들으면서 친구들에게 소개했습니다. 소개하고 나서 후반전은 3장의 독서 카드 중 1장을 선택합니다. 이때 많이 선정된 아이들이 전반전인 소개 활동을 잘한 것으로 인정하고 마무리했습니다. 자신의 독서카드가 한 장이라도 선정되면 엄청 좋아합니다.

놀이 확장 TIP 나중에 독서 카드를 모두 모아 교실 뒷게시판에 붙여주자. 오며 가며 보면서 자연스럽게 그 책을 찾아 읽어보게 된다.

10
핵심 내용이 담긴
N행시

배운 단어를 활용해 짧은 글짓기를 해봅시다

#문해력 #기초학력 #언어와 상징 #지식정보처리

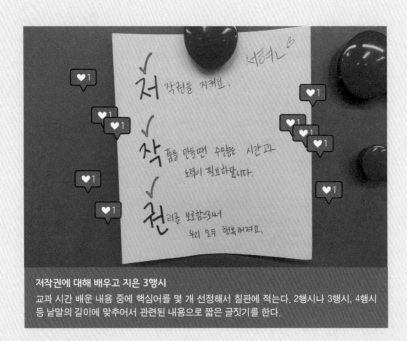

저작권에 대해 배우고 지은 3행시

교과 시간 배운 내용 중에 핵심어를 몇 개 선정해서 칠판에 적는다. 2행시나 3행시, 4행시 등 낱말의 길이에 맞추어서 관련된 내용으로 짧은 글짓기를 한다.

● **준비물** 종이와 연필 등 필기도구

함께 놀이해요!

1. 배운 내용의 핵심어로 2행시, 3행시, 4행시, 5행시를 만든다.
2. 그냥 글자만 사용하지 말고, 관련된 핵심 내용을 포함해서 만들어야 한다.
3. 수학 등 새로운 단원을 마치고 내용을 정리하면서 해보면 좋다.
4. 최고의 2행시, 3행시, 4행시, 5행시 선발 과거 시험 등으로 운영할 수 있다.
5. 활동 후 소감을 나눈다.

나쌤의 수업 나눔과 성찰

배움을 온전히 자기 것으로 만들려면 배운 내용을 활용하는 시간이 필요하죠. 수업 시간에 배운 내용과 관련지어 핵심어를 활용한 짧은 글짓기를 해보았습니다. 그냥 글자만 사용하는 것이 아니라, 관련된 핵심 내용을 글 속에 넣는 것이 중요합니다. 개인별로 지어서 발표해보고, 모둠에서 가장 좋은 시를 선정했습니다. 반 전체 아이들 앞에서 발표하고 그중에서 투표로 장원을 뽑고 게시판에도 게시하였습니다. 교과 시간에 집중해야 할 뿐만 아니라, 순발력도 필요한 활동입니다.

놀이 확장 TIP 다양한 교과, 다양한 주제에 걸쳐 N행시 활동을 확장해볼 수 있다.

11
복습
눈치 게임

배운 내용을 말하면서 먼저 자리에서 일어나요

#기초학력 공동체 #의사소통 #집중력

배운 내용을 하나씩 말하면서 게임을 하는 모습
앞사람이 한 말을 반복하면 처음부터 다시 해야 하므로 집중해서 들어야 한다.

● 준비물 제시어

1. 순서가 중요한 경우와 순서는 관계없는 복습 형태가 있다.

2. 팀 안에서나 분단별로 복습 눈치 게임을 한다.

3. 순서가 4단계로 되어 있으면, 4단계까지 했는데 아무도 걸리지 않으면 다섯 번째 사람은 다시 1단계부터 이어서 계속 복습한다.

4. 순서가 중요하지 않으면 그 시간에 배운 내용을 한 마디씩 하면서 일어나거나 앉는다.

5. 활동 후 소감을 나눈다.

배운 내용을 말하면서 자리에서 일어나거나 앉는 활동입니다. 자연히 뒤로 갈수록 말할 수 있는 단어가 줄어들기 때문에 공부를 열심히 한 친구들은 다른 친구들이 먼저 말할 수 있도록 양보하는 것이 더 멋진 모습이라고 말해주고 시작하면 학급 전체가 최소한 하나씩 말하면서 함께 복습할 수 있습니다. 막상 놀이를 시작하면 자신이 해야 할 말만 생각하느라 친구의 말을 잘 듣지 못해 친구가 이미 했던 말을 또 하게 되는 경우가 생깁니다. 만약 같은 내용을 이야기하면 탈락하고 다시 처음부터 하게 됩니다. 이러한 반복 속에서 자연스럽게 복습이 되는 활동입니다.

놀이 확장 TIP 다양한 교과에 걸쳐 모둠별로 돌아가며 연습하고, 분단별, 학급 전체가 함께 해봐도 재미있다.

12

주사위
몰키 놀이

 목표 숫자가 나올 때까지 던지고 넘어뜨려라!

#기초학력 #공동체 #신체감각 #자기관리

폼 주사위로 숫자 콘을 넘어뜨려 점수를 얻는 모습
폼 주사위의 숫자와 넘어뜨린 숫자 콘의 숫자를 더한 것이 점수. 자신의 목표 달성에만 몰
입하여 놀이 중에 다른 팀 점수가 절반이 될 때 야유하거나 불편함을 주는 반응을 하지 않
는 것을 연습하고 시작하는 것이 좋다.

● 준비물 숫자 콘, 폼 주사위

함께 놀이해요!

1. 모둠별로 돌아가면서 폼 주사위를 던져서 숫자 콘을 넘어뜨린다.
2. 폼 주사위의 숫자와 넘어뜨린 숫자 콘의 숫자를 더해서 점수가 된다.
3. 목표 숫자를 48로 정했다면, 정확하게 48을 만드는 팀이 승리한다.
4. 만약 48이 넘어버리면 점수를 절반으로 하고 다시 이어서 한다.
5. 예를 들어 50점이 되어버렸다면 25점으로 다시 이어서 한다(51점도 25점이 된다).

나쌤의 수업 나눔과 성찰

핀란드 국민 아웃도어 놀이인 '몰키'를 주사위를 이용해서 응용해봤습니다. 중간에 변수를 추가해 역전과 반전의 상황이 빵빵 터지는 즐거운 놀이입니다. 자연스럽게 수와 덧셈을 함께 연습할 수 있어 좋았습니다. 목표 점수를 48로 했는데, 생각보다 정확하게 48을 만들기가 쉽지 않습니다. 49, 51 등 아슬아슬하게 48이 넘는 상황이 반복되었죠. 순간순간 아이들의 표정이 급변합니다. 눈앞에서 승리를 놓치고, 다시 25부터 시작해야 하니까요. 반대로 정확하게 48이 되면 엄청 환호합니다. 변수를 위해 숫자 콘을 맞추면 함께 더해서 점수로 하는 규칙을 넣었더니 정말 재미있었습니다. 주사위 6과 숫자 콘 9를 넘어뜨리면 한 번에 15점을 얻게 됩니다.

놀이 확장 TIP 시간이 충분하다면 모든 팀이 목표 점수가 될 때까지 걸리는 시간도 측정해본다. 한 팀이 정확하게 목표 점수에 이르면 끝나는 것에 익숙해져 있을 때 모두가 목표 점수가 될 때까지 함께 놀이하면 서로를 끝까지 응원하는 좋은 경험을 할 수 있다.

13
더하기 빼기
딩고 놀이

미션, 같은 것을 의미하는 카드 5장을 모아라!

#문해력 #기초학력 #공동체 #지식정보처리

같은 것을 나타내는 문제 카드 5장을 모으는 모습
같은 값을 가진 카드 5장이 나오면 "딩고!"라고 외치고, 손바닥을 책상에 올리면 된다. 딩고를 외칠 때마다 공깃돌을 가져갈 수 있다.

● 준비물 문제 카드 20장, 공깃돌 20개(개인당 5개)

함께 놀이해요!

1. 값이 같은 문제 카드 5장을 만든다.
2. 카드를 모두 골고루 섞은 후에 나눠 갖는다.
3. 가지고 있는 카드 중에 1장을 오른쪽 사람에게 넘긴다.
4. 같은 값을 가진 카드 5장이 나오면 "딩고!"라고 외치고, 손바닥을 책상에 올린다.
5. 그 위에 순서대로 빠르게 올리는데, 가장 늦게 올린 사람은 공깃돌을 하나 내놓아야 한다.
6. 딩고를 외친 사람은 공깃돌을 하나 받는다.
7. 정해진 시간 동안 더 많은 공깃돌을 가진 사람이 승리한다.

나쌤의 수업 나눔과 성찰

덧셈과 뺄셈(2) 공부를 하고 놀이로 복습했습니다. 놀이 위키 10월 모임에서 같이 놀자 연구회에서 체험했던 딩고 놀이를 적용했습니다. 같은 것을 의미하는 5가지를 먼저 모은 사람이 승리하는 방식입니다. 검색해서 규칙에 대해 좀 더 공부한 후 우리 반 특성에 적합하게 적용했습니다. 미니 A4용지를 이용해서 카드를 만들었습니다. 1모둠에서 전체적으로 시범을 보인 후 각 모둠에서 하게 했는데 아이들이 규칙을 쉽게 이해하고 잘 해냅니다.

놀이 확장 TIP 다른 과목으로도 놀이를 확장시킬 수 있다. 만약 삼국시대에 대해 배웠다면 고구려, 백제, 신라, 가야 각 나라를 상징하는 5가지를 적은 후 섞어서 놀이하면서 즐겁게 복습할 수 있다.

14
내가 설명하는 쪽은?

내가 설명하는 내용은 어디에 나와 있을까요?

#문해력 #기초학력 #의사소통 #집중력

친구가 설명하는 내용이 담긴 페이지를 찾는 모습
쪽수를 알아맞히는 활동에서 머물지 않고, 해당 쪽수의 내용을 함께 다시 살펴보면 배운 내용을 한층 깊이 이해하고, 더 오래 기억할 수 있다.

● 준비물 교과서 등 함께 볼 책

함께 놀이해요!

1. 교과서 등 함께 공부할 책을 준비한다.
2. 모둠별로 돌아가면서 설명하고 싶은 부분을 정한다.
3. 설명하는 모둠을 제외하고, 다른 모둠은 설명을 잘 듣고 그 내용이 어떤 부분인지 책에서 찾는다.
4. 가장 먼저 찾은 모둠은 5점, 그 다음은 3점, 그 다음은 1점을 받는다.
5. 돌아가면서 설명하고 찾은 후 함께 점수를 계산해본다.

나쌤의 수업 나눔과 성찰

모둠별로 돌아가면서 교과서의 특정 부분을 설명하면 나머지는 설명을 듣고 어디에 나온 내용인지 찾아봤습니다. 함께 공부하는 교사 성장 공동체 빈 스쿨 2학기 준비 모임에서 얻은 아이디어입니다. 새로운 교과서를 받은 후 어떤 내용이 있는지 함께 살펴본 후에 하면 좋은 활동입니다. 친구의 설명을 듣고 엄청 몰입해서 찾습니다. 정확하게 찾아냈을 때의 쾌감은 엄청납니다.

놀이 확장 TIP 활동에 조금 익숙해졌다면 책을 4권으로 늘려서 발전시켜본다. 모둠원 4명이 각각 1권을 담당해야 하므로 각자 해야 할 일이 늘어난다. 자신이 맡은 부분을 찾아서 나머지 3명 친구들에게 찾은 내용을 말로 설명하는 것까지 해볼 것을 추천한다.

15

야구와 퀴즈가
만나면?

홈런 문제는 누가 알아맞힐까?

#문해력 #기초학력 #공동체 #문제해결

야구 퀴즈를 내고 맞히는 모습

체육 시간에 야구 규칙을 설명하고 야구형 게임을 한 후에 하면 더욱 좋다. 칠판에 야구경기장을 그리고 양 팀에서 순서대로 공격과 수비를 돌아가면서 한다. 익숙해지면 양 팀에서 미리 문제를 준비하고, 번갈아 가며 상대 팀에게 직접 문제를 낼 수 있게 하면 더욱 좋다.

● 준비물   제시어, 함께 만든 퀴즈

함께 놀이해요! ----------------------------

1. 수업 시간에 배운 것과 관련된 내용의 문제를 미리 준비한다.

2. 난이도별로 1루타, 2루타, 3루타, 홈런 문제를 만든다.

3. 공격과 수비를 나누고 3아웃제로 운영한다.

4. 순서대로 주자가 나와서 1루타, 2루타, 3루타, 홈런 문제 중에 1개를 선택해서
   푼다. 이때 수비수 팀에서도 순서대로 나와서 같은 문제를 푼다.

5. 공격수 팀에서 맞히면 베이스를 이동한다. 이때 공격수 팀은 틀렸는데 수비수
   팀에서 맞혔다면 병살타로 2아웃이 된다.

6. 정해진 회를 운영하고 점수를 기록하고 소감을 나눈다.

나쌤의 수업 나눔과 성찰

야구와 퀴즈의 만남을 통해 배운 내용을 복습할 수 있는 활동입니다. 공부에 놀
이를 접목하면 공부를 한다는 생각이 들지 않다 보니 아이들도 즐겁게 몰입하
게 되는 것 같습니다. 야구 퀴즈는 퀴즈를 야구의 규칙과 결합한 방법으로 평소
야구를 좋아하는 아이들이 더 열심히 참여하는 모습이었습니다. 한편 야구의
규칙이 어렵다고 생각했던 아이들도 퀴즈를 풀면서 야구 규칙까지 알게 되는
일석이조의 효과도 있습니다.

놀이 확장 TIP   문제는 함께 내고 모아서 난이도별로 분류하거나 교실에
서 학습을 담당하는 부서를 만들어서 맡겨봐도 좋다.

□저학년 □중학년 ■고학년 □전학년　　　　□개별 □짝 ■모둠 □전체

16
축구와 퀴즈가
만나면?

 슈팅 문제를 풀면 점수를 얻어요!

#문해력 #기초학력 #공동체 #문제해결

축구 퀴즈를 내고 맞히는 모습
가위바위보에서 이기면 골키퍼에게 공을 준다. 수비하는 쪽에서도 문제를 함께 풀어 맞히면 상대팀이 공격에 실패했을 때 기회를 얻을 수 있다.

● 준비물 문제들

함께 놀이해요! -

1. 교사가 관련된 내용의 문제를 미리 준비한다.

2. 쇼트패스, 롱패스, 슈팅 문제를 만든다. 쇼트패스 문제는 두 번 맞혀야 슈팅 문제를 풀 수 있다. 롱패스 문제는 맞히면 바로 슈팅 문제를 풀 수 있다.

3. 칠판에 축구장을 그리고 나서 양쪽 팀 모두 문제를 푼다. 문제를 푼 쪽에 기회가 있고, 양쪽 모두 틀리면 가위바위보로 공격권을 다시 정한다.

4. 쇼트패스 문제의 경우에는 한 번 풀면 골키퍼에서 경기장 중앙으로 공을 옮기고, 다시 쇼트패스 문제를 맞히면 상대팀 경기장으로 옮긴다.

5. 상대팀 경기장으로 공을 옮기면 슈팅 문제를 풀 수 있다. 이때 상대팀에서도 문제를 같이 푼다. 양쪽이 모두 맞히면 골을 막은 것이다. 그리고 다시 슈팅 문제를 푼다. 골키퍼는 문제를 맞히지 못했고, 공격팀은 맞혔으면 1점을 얻는다.

6. 롱패스 문제를 맞히면 바로 상대팀 경기장으로 옮겨서 슈팅 문제를 풀 수 있는 기회가 주어진다.

7. 정해진 시간 동안 문제를 풀어서 더 많은 골을 넣은 팀이 승리한다.

나쌤의 수업 나눔과 성찰

야구에 이어 축구와 퀴즈의 만남입니다. 역시 놀이 형태로 배운 내용을 복습할 수 있습니다. 축구를 좋아하는 아이들은 축구 이야기만 나오면 벌써 눈이 커지고 집중하게 되므로 자연스럽게 놀이에 몰입합니다.

놀이 확장 TIP 축구 퀴즈를 중계하는 역할을 넣으면 더 재미있다.

17
숫자
기억 놀이

경청 속에서 집중력을 한껏 발휘해봅시다

#공동체 #의사소통 #집중력 #자기관리

자신에게 해당하는 숫자를 돌아가며 말하는 모습
둥그렇게 앉아서 순서대로 숫자를 정한다. 자신의 번호를 모두 기억할 수 있도록 크게 말하고 한 바퀴가 다 끝나면 바로 놀이를 시작한다. 자신의 숫자가 불렸는데 망설이거나 다른 번호일 때 말을 하면 미션을 수행한다. 미션을 한 사람부터 1번이 되어 다시 번호를 외치고 놀이를 시작한다.

● 준비물　없음

함께 놀이해요!

1. 적당한 인원(5~8명)을 정하고 둥그렇게 앉는다.
2. 순서대로 자신의 번호를 정한다.
   - 걸려서 미션을 수행하면 전체적으로 자리를 바꾸고 번호도 바꾼다.
3. 순서대로 번호를 크게 외치고, 마지막 번호의 사람이 무작위로 번호를 외치면 놀이가 시작된다.
4. 자신의 번호가 불린 사람은 곧바로 다른 사람의 번호를 이어 불러야 한다.
5. 자신의 번호가 불렸을 때 머뭇거리거나 다른 사람 번호 이외의 말을 하면 미션을 수행한다(손가락 인디언 밥: 손가락으로 등을 살짝 누르기).
6. 걸려서 미션을 수행하면 첫 번째 사람 옆으로 이동해서 다시 번호를 만들고 놀이를 시작한다.
7. 활동 소감을 나눈다.

나쌤의 수업 나눔과 성찰

집중하지 않으면 놀이 진행이 제대로 안 됩니다. 또 다른 사람의 이야기를 듣지 않으면 제대로 할 수 없죠. 평소에 다른 사람 말을 잘 듣지 않는 아이도 이 놀이를 할 때는 눈을 크게 뜨고 귀를 쫑긋 집중해서 친구의 이야기를 듣는 모습을 보여줍니다. 다른 사람의 차례에 모르고 답하거나 자기 차례에서 머뭇거리다 답을 못 하면 기분 나쁘지 않은 범위 내에서 가벼운 벌칙 미션을 수행해도 재미 있습니다.

놀이 확장 TIP 숫자를 대신하여 수업 시간에 배운 짧은 낱말, 요일, 색깔 등으로 변경해 놀이를 확장할 수 있다.

18
브랜드
스피드 퀴즈

공부가 점점 더 즐거워지는 문답놀이

#기초학력 #공동체 #의사소통 #문제해결

정해진 시간 동안 돌아가면서 문제를 내고 맞히는 모습
팀별로 정해진 시간 동안 많은 문제를 설명하고 맞히는 활동이다. 모르는 문제가 나오면 외치는 '통과'는 회수를 미리 정하고 시작하는 것이 좋다.

● **준비물** 문제 카드(학생들이 직접 낸 문제나 수업 시간에 배운 내용으로 만들기)

함께 놀이해요!

1. 모둠 안에서 문제를 내는 쪽과 맞히는 쪽을 미리 정하는 방식과 순환형으로 밀어내는 방식이 있다.
2. 학생들이 직접 낸 문제로 하는 것이 가장 좋고, 수업 시간에 배운 내용 중 중요한 것을 교사가 미리 정리해도 좋다.
3. 잘 모르는 문제가 나왔을 때 '통과'를 한 번만 할지, 두 번 할지 미리 정하고 시작하면 좋다.
4. 정해진 시간 안에 더 많은 문제를 맞히는 형태와 정해진 문제를 더 짧은 시간에 맞히는 형태 중 선택해서 할 수 있다.

나쌤의 수업 나눔과 성찰

모둠 안에서 돌아가면서 문제를 내고 맞히는 활동입니다. 놀이를 통해 공부하다 보니 학생들도 즐거운 기분으로 적극 참여합니다. 특히 설명하기 위해 손과 발도 쓰고, 표정과 몸짓도 사용하는 동안 더욱 잘 이해하고 기억하게 되는 재미있는 활동입니다.

놀이 확장 TIP 활동 중 어려워서 풀지 못했거나 설명하기가 어려웠던 문제는 활동을 마치고 나서 함께 다시 살펴보면서 공부할 수 있다.

19

순서대로 릴레이 퀴즈

답을 알아도 내 차례가 아니면 도전할 수 없어요!

#기초학력 #공동체 #지식정보처리 #문제해결

문제를 풀기 위해 자기 순서를 기다렸다가 도전하는 모습
일반적인 퀴즈는 답을 알면 우선적으로 도전할 수 있지만, 여기에서는 답을 알아도 자신의 차례가 올 때까지 참고 기다리는 것이 포인트다. 좀 더 많은 아이들에게 골고루 퀴즈에 답할 기회를 줄 수 있다.

● 준비물 문제 카드, 의자나 원 마커

함께 놀이해요!

1. 시간을 정해놓고 팀별로 모여서 공부를 한다.
2. 각 팀별 1번이 나와서 도전합니다. 틀리면 다음 번호에게 기회가 넘어간다.
3. 정답을 알고 있더라도 자신에게 기회가 올 때까지 답을 말할 수 없다. 단, 동작 힌 트는 줄 수 있다.
4. 더 많은 문제를 맞힌 팀이 승리한다.

나쌤의 수업 나눔과 성찰

수업 시간에 고려 문화의 우수성을 4개의 문화재로 정리하면서 알아봤습니다. 교과서를 구석구석 읽고, 필요한 부분만 관련 영상을 함께 시청했습니다. 먼저 남학생과 여학생 팀으로 나눠서 공부하고 나서 남학생과 여학생 각각 한 줄로 앉아서 앉은 순서대로 문제에 도전합니다. 도전자는 답을 알면 가운데 종을 치 고 답합니다. 답이 틀리면 상대팀으로 기회가 넘어가고, 둘 다 틀리면 다음 차 례로 넘어갑니다. 정답을 알아도 자기 차례가 아니면 맞힐 수 없고 동작 힌트만 줄 수 있기 때문에 기회가 골고루 돌아가고, 독점이 줄어듭니다. 아슬아슬하게 균형을 유지하다가 마지막 문제에서 여학생이 맞혀서 승리했습니다.

놀이 확장 TIP 순서가 매우 중요한 활동이므로, 응용버전으로 상대팀의 도전 순서를 서로 정해주는 방식으로 확장시켜본다. 우리 팀 순서를 상대팀이 정하기 때문에 또 다른 재미를 준다.

20
UP & DOWN
골든벨

맞히면 점점 위로, 틀리면 점점 아래로~!

#기초학력 #공동체 #지식정보처리 #문제해결

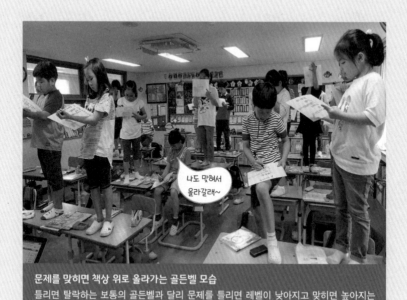

문제를 맞히면 책상 위로 올라가는 골든벨 모습
틀리면 탈락하는 보통의 골든벨과 달리 문제를 틀리면 레벨이 낮아지고 맞히면 높아지는
방식으로 모두가 계속 참여한다.

● **준비물** 문제 카드(A4용지 8등분), 필기구, 개인 보드판, 보드마카

함께 놀이해요!

1. 공부한 내용을 문제로 내거나 미리 준비한 문제를 이용한다.
2. 시작은 의자(바닥-의자-책상-책상 위에 서기)에 앉아서 한다.
3. 문제를 맞히면 다음 단계로 올라가고 틀리면 전 단계로 내려간다.
4. 정해진 문제를 모두 풀고 나서 계급을 확인한다.
5. 바닥 계급-의자 계급-책상 계급-책상 위 계급이 기본이고 학급에서 더 많은 계급을 만들어서 활용할 수 있다.

나쌤의 수업 나눔과 성찰

골든벨을 할 때 일찍 탈락한 학생은 의욕을 잃기 쉽죠. 하지만 'UP & DOWN 골든벨'은 탈락이 없고, 문제를 틀리면 레벨이 낮아지고 맞히면 높아집니다. 레벨에 따라 특별한 보상이 없어도 바닥 - 의자 - 책상 - 책상 위로 이동하는 과정 자체가 역동적이라서 즐겁게 참여하게 되는 활동입니다. 또 틀려도 다시 도전할 수 있어서 더 환호하며 즐거워합니다.

놀이 확장 TIP 난도에 따라 가산점을 주는 방식으로도 변형할 수 있다. 만약 문제가 너무 쉽다면 2번을 연속해서 맞혀야 올라가고, 반대로 너무 어려우면 2번 계속 틀려야 전 단계로 내려가는 방식으로 규칙을 정해서 활동할 수도 있다.

21
질문
주사위 놀이

함께하면 더 많은 것을 배울 수 있어요

#기초학력 #공동체 #의사소통 #상호존중

가로로 5칸~

질문판을 만들고 주사위를 던져서 문제를 해결하고 있는 모습

개인별로 1~2개의 질문을 만들어 가로 6칸, 세로 6칸으로 36개의 질문판을 만든다. 크기나 모양이 다른 2개의 주사위가 있다면 함께 던지고 1개밖에 없다면 연속해 두 번 던지면 된다.

● **준비물** 종이, 필기구, 주사위(크기나 색깔이 다르면 더 좋음)

함께 놀이해요!

1. 주사위 판을 만든다. 6×6으로 36개의 질문이나 핵심어를 적는다.
2. 크기가 다른 주사위 2개를 모둠별로 준비한다.
3. 큰 주사위는 가로로 이동하고, 작은 주사위는 세로로 이동한다.
4. 자신의 차례에 던진 주사위에 나온 칸에 있는 질문에 답을 하거나 핵심어를 설명하는 놀이다.
5. 활동 소감을 나눈다.

나쌤의 수업 나눔과 성찰

주사위를 던져 이동하면서 질문과 답을 찾아보는 활동입니다. 먼저 수업 시간에 관련된 내용을 공부한 후에 활용하거나 영화, 책을 함께 읽고 나서 하면 좋습니다. 처음에 던진 주사위는 가로로 이동하고 다음에 던진 주사위는 세로로 이동하고, 이동해서 나온 질문이나 키워드에 대한 자신의 생각을 나누거나 답을 합니다.

놀이 확장 TIP 다른 모둠과 질문판을 바꿔서 하면 더 다양한 질문과 생각을 나눌 수 있다.

22
오답 지뢰
제거 작전

우리 함께 오답 지뢰를 찾아서 제거해요!

#문해력 #기초학력 #협력 #지식정보처리

친구들과 협동해서 지뢰를 찾는 모습
오답을 지뢰로 간주해 찾아내는 이 놀이는 다양한 교과에서 틀린 문제를 활용하여 재미있게 복습할 수 있다.

● **준비물** 트럼프카드나 숫자 카드, 포스트잇, 지뢰 찾기 판

함께 놀이해요!

1. 모둠별로 문제와 답을 크기나 색깔이 다른 포스트잇에 적는다.
2. 답을 지뢰 찾기 판에 붙인다.
3. 10문제당 지뢰(오답) 1개를 만든다.
4. 20문제를 냈다면 18개는 지뢰 찾기 판에서 정답이 있고, 2문제는 없다.
5. 지뢰를 찾아 제거하고, 정답을 써서 붙이는 데 걸리는 시간을 측정한다.

나쌤의 수업 나눔과 성찰

아이들과 함께 놀면서 즐겁게 배움을 키워가기를 꿈꿉니다. 트럼프카드를 활용한 재미있는 놀이를 해보았습니다. 답이 없는 트럼프카드가 지뢰 역할을 합니다. 문제를 풀어서 붙이면 어느 순간 지뢰만 남습니다. 지뢰를 정확하게 찾는 것이 목표입니다. 아이들에게 설명한 후 정확하게 했는지 체크한 후에 섞었습니다. 카드는 카드끼리, 문제는 문제끼리 섞었습니다. 다른 모둠과 바꿔서 풀어보면서 놀았습니다. 덧셈과 뺄셈 문제, 세 수의 덧셈과 뺄셈을 문제로 풀면서 시간 가는 줄 모르고 재미있게 공부했습니다.

놀이 확장 TIP 수학뿐만 아니라 다른 과목으로도 얼마든지 확장시킬 수 있다. 교과별로 관련 내용을 배운 후 핵심 키워드를 답으로 하고, 그것을 설명하는 문제들과 지뢰 문제 카드를 1~2개 넣어서 놀면서 복습할 수 있다.

23
알면 달려가
벨을 울려라!

답을 알면 빨리 달려나가 정답 벨을 울려요!

#문해력 #기초학력 #문제해결 #지식정보처리

답을 외치기 위해 달려나가 가운데 정답 벨을 치는 모습
정답 벨과 가장 가까이 앉은 3~4명은 문제를 풀 수 없는 대신에 힌트를 부여할 수 있는 자격을 주는 방식으로 놀이를 진행하는 것이 좋다. 문제를 맞히면 정답 벨에 가장 가까운 자리로 옮기도록 하면 좀 더 골고루 참여할 수 있다.

● **준비물** 책상, 종(차임벨, 터치벨 등), 문제 카드

함께 놀이해요!

1. 2팀으로 나눈 후 서로 반대편을 향하도록 의자에 앉는다.
2. 책상을 1개씩 놓고, 위에 정답 정답 벨을 올려놓는다.
3. 교사가 낸 문제에 정답을 알면 달려가서 벨을 치면 답을 말할 기회가 주어진다.
4. 정답을 맞히면 맨 안쪽으로 들어가서 앉고 점수 1점을 받는다.
5. 제한 시간 동안 더 많은 점수를 얻은 팀이 승리한다.

나쌤의 수업 나눔과 성찰

〈북한 말 퀴즈〉를 준비하여 절반으로 팀을 나눴습니다. 원래는 반대편에 설치해놓은 책상에 있는 벨을 먼저 치면 답을 말할 기회를 갖는 것으로 했습니다. 교실이 좁아서 가운데 있는 책상에 벨을 하나만 두고 먼저 치면 기회를 갖는 것으로 변형했습니다. 단, 맨 안쪽부터 3명은 벨과 너무 가깝기 때문에 도전할 수 없습니다. 정답을 맞힌 학생은 맨 안쪽에 가서 앉고 이후 한 칸씩 뒤로 밀어냅니다. 원래 3번째에 앉아 있었던 아이는 4번째가 되면서 드디어 답을 말할 기회를 받습니다. 정답을 한 번 맞히면 적어도 3번은 우리 편 다른 친구에게 기회가 넘어가게 됩니다. 소수의 학생이 기회를 독점하지 않고 모두가 골고루 참여하게 되는 즐겁고 정의로운 수업놀이라는 생각입니다.

놀이 확장 TIP 답을 풀 수 없는 3~4명이 놀이에 흥미를 잃지 않게 귓속말 힌트나 동작 힌트를 줄 수 있는 자격을 부여하면 좋다. 단, 너무 크게 힌트를 주면 상대팀도 알 수 있어서 오히려 손해이니 주의한다.

24
종이 퍼즐을
맞춰라!

어떤 내용일지 추측하며 조각을 맞춰요!

#문해력 #기초학력 #언어와 상징 #지식정보처리

이거랑
맞춰볼까?

모둠원들과 함께 토의하며 종이 퍼즐을 맞추는 모습
내용에 집중하기보다는 종이 모양으로만 맞추는 아이들도 있기 때문에 종이를 자른 후 골고루 섞은 후 나눠 갖는 것이 좋다.

● **준비물** A4용지, 여러 가지 색깔의 사인펜이나 색연필

함께 놀이해요!

1. A4용지를 절반으로 접고 자른다.
2. 자른 절반을 반으로 접고 잘라서 총 3조각으로 만든다.
3. 첫 조각에는 이름을 쓴다.
4. 두 번째 조각에는 주제에 대한 자신의 생각을 적는다.
5. 세 번째 가장 큰 종이에는 주제에 대한 생각을 그림으로 표현한다.
6. 정해진 시간 동안 돌아다니면서 설명한다.
7. 모둠별로 돌아다니면서 종이 퍼즐을 맞춘다.
8. 4명 모두 맞추면 400점+보너스100점, 3명은 300점, 2명은 200점, 1명은 100점을 받는다.
9. 제한 시간 내 더 많은 점수를 얻은 모둠이 승리한다.

나쌤의 수업 나눔과 성찰

개인적으로 최고의 놀이 도구 중 하나라고 생각하는 A4용지를 3등분해서 퍼즐을 만들어보았습니다. 각 조각에는 이름, 생각, 그림을 넣었습니다. 팀 내에서 서로에게 설명한 후 자리를 지킬 1명을 뽑습니다. 다른 모둠에서 와서 퍼즐을 다 맞추면 정답인지 확인해주는 역할입니다. 시간이 많지 않아서 모든 모둠을 다 돌지는 못했습니다. 그래도 아이들은 친구들의 문제 퍼즐을 맞히고 또 순서대로 맞추면서 나름 즐거운 시간을 보냈습니다.

놀이 확장 TIP 개인의 생각을 이야기하거나 배운 내용을 복습할 때 등 두루 사용해볼 수 있다. 가장 중요하게 생각하는 키워드를 적고, 이미지로 표현한 종이 퍼즐을 만들어서 함께 맞추면서 정리하는 식으로 응용해보자.

25
고리 컬링,
점수 구역에 넣어라!

 점수 구역에 들어가도록 고리를 밀어 넣어요!

#신체감각 #집중력 #협력 #공동체

더하면 5점?

고리를 점수 구역으로 밀어 넣고 점수를 계산하는 모습
승부를 단번에 뒤집을 수 있는 반전의 기회를 만들어놓으면 놀이가 끝날 때까지 포기하지 않고 모두가 놀이에 즐겁게 참여할 수 있다.

● **준비물** 색이 다른 고리 던지기 고리 4개씩 2세트, 마스킹테이프

함께 놀이해요!

1. 교실 바닥에 점수 판(1, 2, 3점)을 만든다.
2. 모둠 4명이 한 팀이 되어 다른 팀과 대결한다.
3. 두 팀이 '가위바위보'로 먼저 던질 순서를 정한다.
4. 진 팀부터 4명이 순서대로 던진 후 이긴 팀이 이어서 순서대로 던진다.
5. 최종적으로 멈춘 위치에 있는 고리를 기준으로 점수 계산을 한다.
6. 이긴 팀이 먼저 던지고, 진 팀이 나중에 던진 후 점수를 더해서 최종 승부를 겨룬다.

나쌤의 수업 나눔과 성찰

덧셈 공부를 놀이로 하고 싶다는 생각에 준비한 놀이입니다. 우선 모둠별로 기록전을 한 판 했습니다. 3점이 가장 높습니다. 선에 절반 이상이 들어간 경우 점수로 인정했습니다. 그 다음은 2점이고, 나머지는 모두 1점. 0점은 너무 슬프니까요. 고리 던지기를 이용해서 개인당 1번씩 던졌습니다. 모둠별로 한 번씩 기록전을 한 후 칠판에 적었고, 이후 모둠 리그전을 했습니다. 1모둠 VS 2, 3, 4, 5모둠이 대결했습니다. 먼저 한 번씩 던지고, 방어전을 하는 식으로 총 9번을 던졌습니다. 2모둠 VS 3, 4, 5모둠 대결, 3모둠 VS 4, 5모둠 대결, 4모둠 VS 5모둠 대결을 했습니다. 공격과 방어를 하니 컬링의 기본 규칙을 조금은 이해하게 되었죠. 물론 실제 컬링과 점수 계산은 많이 다릅니다. 점수 구간에 들어가면 점수를 받고, 나중에 함께 9번 시도한 결과를 모두 더했으니까요.

놀이 확장 TIP 반전의 기회가 있으면 더 재미있다. 예컨대 고리 모양과 거의 비슷한 크기로 점수 구역을 하나 더 만들고, 그곳에 들어가면 한 번에 10점을 받는 식으로 꼴찌도 한방에 역전시킬 수 있는 기회를 만들어보자.

불확실성 시대,
정답보다 해답이 필요해!

바야흐로 인공지능이 활약하는 초기술시대입니다. 이미 다양한 에듀테크를 교실 수업에 활용하고 있죠. 과학기술의 놀라운 발전 앞에 때론 주눅이 들기도 합니다. 한편에서는 인공지능이 교사를 대체할 거라는 섣부른 추측마저 난무하죠. 하지만 인공지능도 결국 점점 더 인간과 가깝게 사고하고 학습하도록 발전해온 것처럼 우리 스스로가 위대한 존재임을 잊지 말고 인간성을 지켜내야 하지 않을까요? 2022 개정교육과정 또한 창의성과 다양성 등 불확실성에 대처할 수 있는 역량에 주목하고 있죠. 단순히 얼마나 많은 지식을 습득했는지로 아이들을 줄 세우기보다는 메타인지를 포함한 사고력과 문제해결능력을 두루 키우도록 돕는 것이 중요합니다. 그래서 여기에는 창의성과 다양성, 유연성, 전략적 사고 등을 마음껏 발휘하며 문제해결에 응용할 수 있는 재미있는 놀이들을 골라보았습니다. 아이들이 놀이하는 과정에서 협력을 통해 더 재미있고 반짝이는 다양한 아이디어로 발전시킬 수 있기를 바랍니다. 아울러 모두가 AI시대를 이끌어갈 창의융합형 인재로 성장하기를 바랍니다.

6장

창의융합 문제해결
수업놀이

□저학년 □중학년 □고학년 ■전학년　　　　■개별 ■짝 ■모둠 ■전체

01
기차
가위바위보

돌고 돌아서 결국 우리는 하나!

#공동체 #갈등관리 #자기관리

칙칙폭폭~

진 사람이 이긴 사람의 뒤에 붙는 '기차 가위바위보' 모습
익숙해지면 신호 없이 가위바위보를 해서 한 줄을 만드는 것에 도전할 수 있다. 가위바위보를 하지 않는 학생이 있다면 맨 뒤에 서게 하면 된다.

다시 만난
수업놀이
디 에센셜

● 준비물 없음

함께 놀이해요!

1. 전체가 각자 자유롭게 걷다가 교사나 진행자의 신호가 있으면 두 명씩 만나서 가위바위보를 한다.
2. 이긴 사람은 앞에 서고 진 사람은 뒤에 선다.
3. 두 명씩 짝을 지어 돌아다니다 다음 신호가 있으면 또 다른 두 명과 만나 가위바위보를 해서 네 명을 만든다.
4. 네 명씩 짝을 지어 돌아다니다 다음 신호가 있으면 가위바위보를 해서 여덟 명을 만든다.
5. 스물네 명이라면 여덟 명씩 3팀이 된다. 여덟 명 3팀이 모여서 가위바위보를 해서 한 줄로 만들 수 있다.
6. 한 줄로 섰다면 급식을 먹으러 가거나 특별실로 실제 이동할 수 있다.

나쌤의 수업 나눔과 성찰

최종적으로 한 줄로 서야 하는 상황에서 효과적으로 사용할 수 있는 놀이입니다. 실제로도 한 줄로 서야 하는 상황에서 이 놀이를 진행했죠. '기차 가위바위보'로 진 사람이 이긴 사람의 어깨에 손을 올리고 한 줄로 서는 방식입니다. 순서가 미리 정해지지 않은 상황에서 한 줄로 만드는 즐거운 활동입니다.

놀이 확장 TIP 조금 더 활동적으로 하려면 뒷사람들이 맨 앞사람의 이름을 외치면서 이동할 수 있다. 이런 방식의 놀이를 '스타와 팬'이라고 부르기도 한다.

□저학년 □중학년 □고학년 ■전학년　　　□개별 □짝 ■모둠 ■전체

02
물레방아
술래잡기

 친구들을 빙빙 돌아서 재빨리 자리로 돌아가요!

#신체감각 #협력 #공동체 #집중력

물레방아처럼 돌면서 놀이를 하는 모습
술래의 움직임만 보고 미리 움직일 수 있으므로 반드시 터치한 후에 이동하는 것으로 규칙을 정해두는 것이 좋다.

● 준비물   의자나 원 마커, 중심으로 사용할 물건(휴지통 등)

함께 놀이해요!

1. 가운데 의자 등으로 기준점을 만든다.
2. 3~6팀(4~5명씩)으로 만든다.
3. 술래가 맨 뒤의 사람을 터치하고 나서 한 바퀴를 돈다.
4. 터치된 팀원 모두가 술래를 따라서(익숙해지면 방향 지시) 달려가서 한 바퀴를 돌고, 돌아온 순서대로 앉는다.
5. 맨 마지막에 들어온 사람이 다음 판 술래가 된다.
6. 돌아올 때까지 음악 시간에 배운 노래를 부른다.

나쌤의 수업 나눔과 성찰

수건돌리기와 술래잡기를 합쳐놓은 것 같은 놀이로 원래 바닥에 앞을 보고 앉은 상태에서 합니다. 하지만 교실 바닥이 낡고 오래된 나무 바닥이라서 혹시 가시에 찔릴 위험이 있어서 의자에 앉아서 하는 것으로 바꾸어 했습니다. 그런데 생각보다 의자에 앉아서 하는 것도 괜찮다는 생각이 들었습니다. 바닥에 앉아서 하는 놀이인 경우에 교실 바닥 상황이 좋지 않은 경우에는 잘 시도하지 않았는데, 규칙만 조금씩 바꾸면 얼마든지 가능하다는 것을 다시금 확인한 시간이었습니다.

놀이 확장 TIP   음악 시간에 배운 노래를 함께 부르면서 하면 더욱 재미있다. 함께 부르던 노래가 끝났을 때 술래만 미션을 수행하는 것으로 하는 것으로 하면 미션 수행에 걸리는 시간을 절약해서 더 많이 놀이할 수 있다.

03
사탕
슬라이더

 목표 지점에 최대한 가깝게 사탕을 날려요!

#신체감각 #공동체 #집중력 #자기관리

와~
최고기록!

힘을 조절해서 사탕을 책상 끝에 가깝게 밀기 위해 집중하는 아이들의 모습
먹거리를 놀이의 도구로 활용할 때는 위생을 고려하여 반드시 개별 포장된 것을 사용하는
것이 좋다. 놀이가 끝나고 나서 함께 모여 먹는 재미도 남다르다.

● 준비물 사탕, 책상 3~4개

함께 놀이해요!

1. 사탕을 책상에 올리고 손가락 끝으로 미는 연습을 한다.
2. 개인별로 돌아가면서 끝에 가장 가깝게 가는 것으로 대결을 펼친다.
3. 모둠원들과 돌아가면서 사탕을 밀어서 먼저 책상 끝 선에 걸치는 대결을 한다.
4. 정해진 시간 동안 끝에 걸린 사탕이 없다면 가장 끝 선에 가깝게 간 모둠이 승리하는 것으로 한다.
5. 모두 함께 사탕을 나눠 먹으면서 마무리한다.

나쌤의 수업 나눔과 성찰

책상 3개를 이어 붙였습니다. 첫 번째 책상은 높이가 조금 높아서 밀면 중간에 2번째 책상으로 떨어지는 형태로 만들고 시작했습니다. 만약 사탕이 첫 번째 책상을 넘지 못하면 '파울'로 한 번 더 도전할 수 있습니다. 바닥에 떨어지거나 2번의 기회에 첫 번째 책상을 넘지 못하면 끝. 모둠에서 가장 멀리 간 사람이 모둠 대표입니다. 모둠에서 예선전을 벌이고, 본선은 모둠 대표들이 2번 시도해서 더 멀리 간 것으로 했습니다. 지호가 날린 사탕이 거의 책상 끝에서 멈췄습니다. 다들 엄청 환호합니다. 다음에는 책상을 1개 더 붙여서 더 멀리 보내보는 것으로 대결해보면 좋을 것 같습니다.

놀이 확장 TIP 모든 책상의 높이를 달리하여 점점 낮아지도록 해보자. 또 맨 끝에 가깝게 간 사람이 승리하는 방식도 좋지만, 각 책상별로 구간 점수를 받는 것으로 정해 놀이하면 더 재미있다. 책상 5개를 이어 붙여서 맨 끝부터 10~0점으로 구간을 만들고 팀별 점수를 더하면서 한층 흥미진진하게 놀이를 전개할 수 있다.

04
도전, 점수를 얻어라!

 내가 맞출 번호는 내가 선택한다!

#협력 #공동체 #집중력 #자기관리

5번~ 성공!

스스로 목표를 선택한 후에 도전하는 아이들의 모습
놀이를 통해 스스로 목표를 정하고 도전하는 것 자체가 갖는 의미를 깨닫게 하는 것이 중요하다. 공정성을 확보하기 위해 굴리거나 치고 던지는 위치나 자세에 대한 규칙이 필요하다.

● 준비물　막대(백업스틱, 빗자루 등), 탱탱볼 등 가벼운 공, 숫자 콘

함께 놀이해요!

1. 숫자 콘이나 콘에 점수(1~10점)를 쓰거나 붙인다.
2. 출발선으로부터 가까운 곳에 1점 콘, 가장 먼 곳에 10점 콘을 설치한다. 콘이 넘어져도 다시 같은 곳에 설치하기 위해 마킹(원 마커 등)을 해두면 더 좋다.
3. 만약 여러 개의 콘이 맞으면 더해서 점수를 계산한다.
4. 공을 칠 때 일어서 있거나 자세가 좋지 않은 사람이 있으면 그 수만큼 감점한다.
5. 모든 팀원의 점수를 더해서 승부를 겨룬다.

나쌤의 수업 나눔과 성찰

아이들과 선택의 중요성, 도전에 대한 이야기를 나누고 싶어서 함께 이 놀이를 했습니다. 가까운 1, 2점 콘을 향해 공을 치면 안전하게 점수를 얻습니다. 10점 콘에 도전하면 큰 점수를 얻을 수 있겠지만 맞출 가능성이 크지 않습니다. 탱탱볼을 이용해서 여러 개의 콘이 맞는 경우가 많이 발생했습니다. 자리에서 일어선 사람 숫자만큼 감점하는 일종의 질서점수 방식을 추가해 안전하게 놀이를 했습니다. 10점이라는 변수가 있어서 끝날 때까지 긴장을 놓칠 수 없는 경기였습니다. 더하기 빼기 등을 공부할 때 활용해도 좋을 것 같습니다. 중간에 찬스 등을 넣어서 2배, 3배 등의 추가 규칙을 넣는 것도 좋습니다.

놀이 확장 TIP　중간에 0점, 2배, 3배 등의 변칙 점수를 넣은 콘을 추가해 역전의 기회, 반전의 기회를 주어보자. 놀이가 너무 진지해지고, 잘하는 사람만 늘 이기는 구조에서 벗어날 필요가 있다. 놀이를 통해 즐거움을 기반으로 순간 몰입하고, 응원하고, 격려하는 경험을 하는 것이 중요하다.

05
휴지야, 날아라!

휴지 날리기는 과학입니다~!

#신체감각 #집중력 #공동체 #자기관리

날려~!

선을 지키면서 휴지를 멀리 날리려고 노력하는 모습
휴지 한 장으로 모두가 신나게 참여할 수 있는 놀이이다. 모둠별로 논의하여 휴지를 더 멀리 보낼 수 있는 창의적인 아이디어를 낼 수 있게 격려해준다.

● 준비물 마스킹테이프, 티슈

1. 각자 티슈를 한 장씩 준비하고 한쪽 끝을 잡고 던진다.
2. 티슈가 정해진 구역 안으로 들어가면 10점을 받는다.
3. 만약 모두 구역에 들어가지 않으면 멀리 간 순서대로 점수를 받는다. 즉 8점-6점-4점-2점 순서대로 받는다.
4. 모둠 번호 순서대로 나와서 대결한다. 더 높은 점수를 받은 모둠이 승리한다.

나쌤의 수업 나눔과 성찰

티슈로 할 수 있는 재미있는 놀이입니다. 공평하게 모둠 번호별로 대결합니다. 정해진 선을 넘으면 점수를 받을 수 없습니다. 반칙이기 때문이죠. 또 티슈를 뭉쳐서 던져도 점수가 없습니다. 역시 반칙이기 때문입니다. 티슈를 던져서 멀리 간 순서대로 점수를 받습니다. 중간에 보너스 구역을 정해서 그곳에 들어가면 최고점에 추가 점수를 받는 것으로 했습니다. 반전의 기회가 들어가면 한층 더 재미있는 놀이가 될 수 있다는 생각입니다.

놀이 확장 TIP 공중에 던지고 입김으로 한 번 더 부는 방법으로 대결하는 것도 좋다. 최대한 높이 띄운 후 양볼 가득 바람을 불어 멀리 보내려 애쓰는 아이들의 모습이 재미있다. 단, 이때도 정해진 선을 넘지 않아야 한다.

06
미션, 장애물을 통과하라!

 장애물을 통과하는 창의적인 방법을 생각해봐요!

#문제해결 #공동체 #신체감각 #자기관리

장애물을 만들고 걸리지 않게 통과해보는 활동 모습
털실이나 고무줄을 이용해서 레이저 장애물을 만든다. 두껍거나 색이 잘 보이는 것으로 만들면 좋다.

● 준비물 털실뭉치(또는 긴 고무줄), 미션 임파서블 BGM

함께 놀이해요!

1. 교실에 고무줄이나 실 등을 이용해 장애물을 설치한다.
2. 개인별로 장애물을 건드리지 않고 목표 지점까지 통과하는 것을 연습한다.
3. 익숙해지면 모둠원끼리 2인 3각용으로 발을 묶고 가기/종이로 만든 커플 팔찌 하고 가기 등을 추가할 수 있다.
4. 정해진 시간 동안 기본 단계를 통과한 모둠은 다음 미션에 도전할 수 있게 한다.
   - 미션 1: 모둠원 모두가 세 번 이하로 장애물에 닿고 목표 지점까지 가기
   - 미션 2: 모둠원과 커플 팔찌를 하고 2인 1조로 장애물 통과
   - 미션 3: 보물 2개 찾고 목표 지점까지 가기
   - 미션 4: 장애물 닿지 않고 목표 지점까지 가기
   - 그 외 다양한 추가 미션 넣기
5. 활동 후 소감을 나눈다.

나쌤의 수업 나눔과 성찰

털실이나 고무줄로 장애물을 만들고 통과해보는 활동입니다. 장애물을 극복할 때, 짝과 함께 협력하고 대화를 하면서 진행할 수도 있죠. 미션을 시작할 때 영화 〈미션 임파서블〉의 OST를 틀어주면 더 재미있는 활동이 됩니다. 줄에 걸리지 않고 통과하기 위해 노력하는 과정에서 교실에는 웃음꽃이 핍니다. 살면서 겪게 되는 수많은 어려움을 털실 장애물에 빗대어서 설명하고 이야기 나눌 수도 있습니다.

놀이 확장 TIP 소중한 사람이 장애물에 걸려 있을 때 어떻게 도울 수 있을지 생각하고 이야기 나누며 마무리하면 좋다.

07
세 구역
풍선 배구

승부의 관건은 각 모둠의 전략과 협동이야!

- -

#협력 #공동체 #신체감각 #집중력

세 구역으로 나눠서 하는 풍선 배구 활동 모습

엉덩이를 바닥에 꼭 붙이는 것을 기본 규칙으로 한다. 특정 학생이 풍선을 독점하는 경향이 있거나 시간이 별로 없으면 풍선의 수를 늘리면 좋다. 앉아서 하기 때문에 중간중간 앞과 뒤를 바꿔서 골고루 공격과 수비에 참여할 수 있게 한다.

● 준비물　풍선, 의자나 책상

함께 놀이해요!

1. 한 사람당 한 번만 풍선을 칠 수 있고, 세 번 이내에 상대편으로 풍선을 넘겨야 한다.
2. 공격한 풍선이 상대 모둠의 구역 밖으로 나가거나 우리 모둠의 구역 안으로 떨어지면 상대 모둠이 1점을 얻는다.
3. 네트 대신에 의자를 이용하여 각 구역을 나눈다.
4. 서브는 앞쪽에 앉은 학생이 하면 상대 모둠 뒤쪽까지 넘겨야 하고, 뒤쪽에 앉은 학생이 하면 넘기기만 해도 인정한다.
5. 의자로 만든 네트 한가운데 풍선이 들어가면 처음부터 다시 시작하는 변수를 넣을 수 있다.
6. 세 구역으로 나누었기 때문에 점수를 더해가기보다 일정한 기본 점수를 주고 공격이 아웃되거나 풍선이 떨어졌을 때 점수를 빼는 식으로 진행한다.

나쌤의 수업 나눔과 성찰

　세 모둠으로 나누어 각 구역을 차지합니다. 앉은 상태로 이루어지며, 함께 전략을 짜야 하는 협동 배구입니다. 학생들에게 인기가 좋았던 교실 놀이 중 하나이기도 합니다. 피구나 축구처럼 격렬하지 않으면서 모두가 집중해서 참여할 수 있죠. 특히 교실을 세 구역으로 나눠서 전략을 세워야 하므로 다른 팀과 협력하고 배신하는 과정으로 외교를 경험하게 되고, 이것이 승패로 이어지기도 하기 때문에 전략이 중요한 놀이입니다..

　(놀이 확장 TIP)　놀이에 익숙해지면 구역을 더 늘려볼 수도 있다.

08
교실 속
전략 피구

우리 팀이 이기려면 전략을 잘 세워야 해

#협력 #공동체 #신체감각 #집중력

교실에서 하는 전략 피구 모습
아웃 되면 바닥에 앉아 책상 위 같은 편에게 공을 던져주는 역할을 하게 되어 모두가 즐겁게 참여할 수 있다. 안전을 위해 책상 사이가 벌어지지 않게 주의한다.

● 준비물 책상, 맞아도 아프지 않는 탱탱볼, 콘

함께 놀이해요!

1. 전체를 두 모둠으로 나누고 모둠별로 세 줄씩 책상을 배치한다.
2. 공을 던지기 전에만 자리를 옮길 수 있다. 공을 던질 때는 엉덩이가 반드시 책상 위에 붙어있어야 한다.
3. 첫 줄은 상대 모둠의 두세 번째 줄에 있는 학생이 던진 공을 맞았을 경우에만 아웃이 되어 보호막 역할을 하게 된다.
4. 아웃이 되면 책상 밑에서 떨어진 공을 잡는 역할을 한다.
5. 교실에서 하면 유리창 등이 깨질 수 있으니 유리창이 없는 방향으로 책상을 배치하면 좀 더 안전하게 놀이할 수 있다.
6. 모두 아웃되는 데 시간이 많이 걸리므로 시간 제한(던질 때 또는 경기 전체)을 두면 좋다.

나쌤의 수업 나눔과 성찰

책상 위에 앉아서 전략적으로 하는 피구 활동입니다. 날씨 때문에 운동장에 나갈 수 없거나 기타 사정으로 강당을 이용할 수 없을 때도 교실에서 즐길 수 있는 신체활동으로 아이들도 참 좋아하죠. 또 규칙이 책상 위에 앉아서 던져야 하는 활동이라 움직이는 것을 싫어하는 아이들도 좋아합니다.

놀이 확장 TIP 공에 맞아도 아웃되지 않는 자리를 규칙에 넣어두면 더 많은 전략이 생긴다.

09
앉아서 공격하는
의자 피구

　의자나 책상을 전략적으로 활용해보자

#협력 #공동체 #신체감각 #집중력

던진다~!

의자를 이용한 피구
의자(또는 책상)를 '■'자 모양으로 설치한 후 팀별로 앉는다. 자신의 앞쪽에 있는 상대편만 공격할 수 있으나 바닥에 앉아 있는 상대편은 위치와 관계없이 공격할 수 있다.

● 준비물 의자나 책상, 콘, 피구공

함께 놀이해요!

1. 의자 (또는 책상)로 '■' 모양의 경기장을 만든다.
2. 의자(또는 책상) 위에서 시작하고, 1차로 공에 맞으면 '■'자 안으로 들어와서 바닥에 앉아 대결한다.
3. 바닥에 앉으면 앉아 있는 상대 팀을 공격할 수 있다. 맞아서 아웃되면 '■' 자 경기장 밖으로 나가서 상대 팀을 공격할 수 있다.
4. 의자(또는 책상) 위의 공격수가 먼저 아웃되는 팀이 진다.
5. 활동 소감을 나눈다.

나쌤의 수업 나눔과 성찰

의자(또는 책상) 등을 이용해 다양한 전략을 구사할 수 있는 재미있는 피구 활동입니다. 의자에서 공을 맞으면 바닥에 앉는데, 바닥에 앉으면 의자에 앉은 친구를 보호해줄 수 있고, 의자에 앉아 있는 친구가 공을 잡으면 부활할 수 있습니다. 그 대신 공을 맞으면 아웃되어 밖으로 나가서 의자 뒤에 앉아 공격을 할 수 있으나 부활은 할 수 없기 때문에 전략이 중요합니다. 평소에 공을 피하기만 했던 아이들도 자신이 맡은 역할을 해야만 놀이가 진행되기 때문에 공을 던지게 됩니다. 어느 한쪽이 압도적으로 이기고 지기보다는 적절하게 균형을 이루면서 긴장감 있게 진행된 활동이었습니다.

놀이 확장 TIP 경기장 크기 조절, 공의 개수 조절 등으로 놀이를 변형할 수 있다.

10
멈춰!
네가 독거미지?

추리력을 발휘해 독거미를 찾아내자

#공동체 #의사소통 #지식정보처리 #갈등관리

독거미는
누구?

독거미 역할을 뽑기 전에 모두 엎드린 모습
독거미가 정해지면 독거미끼리 서로의 존재를 확인할 시간을 주고 모두 걸어 다니면서 만나면 악수를 하면서 인사를 하게 한다. 독거미는 자신이 공격한 친구가 아웃될 때까지 다른 친구들을 공격할 수 없다.

● 준비물 의자, 으스스한 분위기의 BGM

함께 놀이해요!

1. 모두 둥그렇게 앉아서 눈을 감고 엎드린다. 진행자가 독거미 역할을 할 인원을 선정해서 등을 가볍게 찌른다. 다섯 명당 독거미를 한 명씩 뽑는 것이 적절하다.
2. 모두 눈을 뜨고 돌아다니면서 만나면 "안녕하세요!"를 하면서 '악수'를 한다. 이 때 독거미는 죽이고 싶은 사람을 만나면 '집게손가락'으로 독 공격을 한다. 독 공격을 받으면 다섯 발자국 후 "으악!" 하면서 실감나게 쓰러진다. 또는 세 명을 더 만나고 나서 쓰러지는 것을 규칙으로 할 수 있다.
3. 독거미라는 확신이 들면 "네가 독거미지?"라고 묻는다. 독거미가 맞으면 독거미가 아웃되고 독거미가 아니면 잘못 지명한 쪽이 아웃된다.
4. 독거미 숫자가 살아남은 숫자와 같아지면 독거미 팀의 승리다.

나쌤의 수업 나눔과 성찰

비가 오는 날에 불을 끄고 으스스한 배경음악까지 더하면 안성맞춤입니다. 책상을 밀고 의자로 원을 만든 후 규칙을 안내하고, 진행자가 독거미를 뽑았죠. 긴장감 속에 모두 눈을 감고 고개를 숙이면 시작 소리와 함께 독거미가 돌아다니면서 악수와 환영 인사를 합니다. 독거미는 자신의 정체를 들키지 않으면서 공격해야 하므로 만나는 모든 사람에게 독 공격을 하지 않아도 됩니다. 누가 독거미인지 추리하는 재미가 있습니다.

놀이 확장 TIP 가끔 독거미에게 아웃되기 싫어서 악수를 피하면서 도망 다니는 경우가 있다. 이럴 경우에 는 1차 경고를 주고, 문제행동이 반복되면 관찰 학습 자리로 가게 해서 놀이할 준비가 되면 다시 들어올 수 있게 해야 놀이 분위기가 유지된다.

11
NIM
전략 놀이

나만의 전략으로 승률을 높여볼까?

#문제해결 #창의융합 #지식정보처리 #집중력

마지막 공깃돌은?

짝과 함께 NIM 대결을 하는 모습
20개의 공깃돌(또는 바둑돌)을 서로 가져가면서 승리할 수 있는 방법을 계속 생각하게 하는 활동이다.

● 준비물　바둑돌이나 공깃돌

함께 놀이해요!

1. 짝과 함께 공깃돌(또는 바둑돌) 20개(변경 가능)를 놓는다.
2. 가위바위보 등으로 순서를 정하고 번갈아 공깃돌(또는 바둑돌)을 가져온다.
3. 20개 이상 공깃돌(또는 바둑돌)로 하면 1~3개 가져오기, 20개 미만으로 하면 1~2개 가져오는 것으로 한다.
4. 마지막 공깃돌(또는 바둑돌)을 가져가는 사람이 이긴다.
5. 위의 과정을 반복하고 전체적인 소감 나누기를 한다.

나쌤의 수업 나눔과 성찰

교실에서 흔히 볼 수 있는 바둑돌이나 공깃돌을 이용한 놀이입니다. NIM은 가져간다는 뜻의 영어로 독일어의 NIMM에서 나왔다는 이야기도 있습니다. 또 '이긴다'는 WIN을 180° 돌려서 NIM이 되었다는 이야기도 있죠. 전체적인 상황을 조감하여 전략을 짜고 이기기 위해서 머리를 써야 합니다. 아이들에게 기본적인 놀이 방법을 알려주고 쉬는 시간이나 중간 놀이 시간에 할 수 있게 했더니 옹기종기 모여서 시간 가는 줄 모르고 빠져듭니다. 승률 높은 전략가도 탄생했죠. 이런 아이들에게는 친구들에게 자신의 승리 비결을 이야기할 수 있는 시간을 가져보니 우리 반 전체가 전략적으로 한 단계 상승하는 시간이 되었습니다.

놀이 확장 TIP　놀이에 익숙해지면 마지막 공깃돌(또는 바둑돌)을 가져가는 사람이 지는 것으로 변경할 수 있다.

12
종이비행기는
고민을 싣고

종이비행기에 담긴 고민을 함께 해결해보자!

- -

#문제해결 #공동체 #의사소통 #상호존중

고민을 적은 종이를 비행기로 접어 날리는 모습
고민을 적고 종이비행기를 접어서 멀리 날리기, 오래 날리기를 한 후 정확하게 목표를 정해
두고 날리는 활동을 했다.

● 준비물   A4용지 한 장씩, 필기구

함께 놀이해요!

1. A4용지에 현재의 고민을 한 가지 적는다. 이때 자신의 이름을 적지 않고 고민만 쓰게 하면 마음속의 고민을 좀 더 솔직하게 적을 수 있다.
2. 각자 종이비행기를 접는다.
3. 멀리 날리기, 오래 날리기, 정확히 날리기 대결을 한다.
4. 대결을 한 후에는 종이비행기에 쓴 고민을 함께 나누며 해결책을 찾아본다.
5. 활동 소감을 나눈다.

나쌤의 수업 나눔과 성찰

함께 종이비행기도 날리고, 고민도 함께 해결해보는 일석이조 활동입니다. 친구들의 고민을 듣다 보면 '아, 나도 비슷한 경험이 있어.', '나도 그게 고민인데….'라는 생각이 들기도 하죠. 때로는 그저 마음속 고민을 털어놓는 것만으로도 조금은 후련해지기도 합니다. 만약 고민을 감추고 싶다면 최대한 멀리 종이비행기를 날리면 됩니다.

놀이 확장 TIP   고민 대신에 친구들이나 선생님에게 하고 싶었던 말을 하나 정도 적게 하는 방법으로도 응용할 수 있다.

13
컵 뒤집기
빙고 놀이

컵 뒤집기에 성공해야 빙고에 도전할 수 있어요!

- -

#문제해결 #신체감각 #집중력 #갈등관리

얏, 넘어졌네

손가락으로 쳐서 컵을 뒤집어서 빙고를 만드는 모습
컵이 뒤집히지 않으면 빙고판을 차지할 수 없기 때문에 컵을 잘 뒤집는 것이 놀이의 포인트이다. 공평하게 기회가 돌아가도록 한 명당 도전 회수를 제한하는 것이 좋다.

● **준비물** 색이 다른 컵 쌓기 2세트, 3×3 빙고판, 책상

1. 2명이 각각 책상 위의 모서리에 컵이 살짝 밖으로 나오도록 올린다.
2. 살짝 바깥쪽으로 나온 부분을 손가락으로 아래에서 위로 쳐서 컵을 뒤집는다.
3. 뒤집기에 성공하면 빙고판(3×3)에 올려놓는다.
4. 같은 방법으로 먼저 한 줄 빙고를 만들면 승리한다.
5. 익숙해지면 모둠원들과 릴레이로 대결한다.

나쌤의 수업 나눔과 성찰

컵을 거꾸로 책상 모서리에 올리고 손가락으로 '탁' 쳐서 컵을 책상 위에 뒤집어서 세우면 성공입니다. 매우 간단한 규칙이지만, 실제로 해보면 한 번에 성공하기가 결코 만만치 않습니다. 3×3빙고를 만들고, 먼저 한 줄을 만들면 승리입니다. 2팀 모두 한 줄을 만들지 못하면 더 많은 컵을 빙고판에 올려놓은 팀이 승리하는 것으로 정했습니다. 시범을 보이니 특별한 설명 없이도 금세 방법을 이해합니다. 역시 성공하면 너 나 할 것 없이 엄청나게 환호하며 즐거워합니다.

놀이 확장 TIP 도전 후 성공하면 바로 맨 뒤로 가고, 만약 실패하면 미리 정해둔 반환점을 돌아온다든지 벽을 손바닥으로 치고 맨 뒤로 가는 식으로 미션을 추가하면 더 재미있다.

□저학년 ■중학년 ■고학년 □전학년　　　　　□개별 □짝 ■모둠 ■전체

14
의자가
사라진다면?

모두를 구할 수 있는 아이디어는 뭘까?

＿＿＿＿＿＿＿＿＿＿＿＿＿＿＿＿＿＿＿＿＿＿＿＿＿＿＿

#문제해결 #협력 #공동체 #갈등관리

고마워~

부족한 의자에 서로 의지해서 앉은 모습
소외된 친구가 있다면 의자를 하나 돌려서 교사 옆에 앉을 수 있도록 한 후 "선생님이 항상 도와줄 거야."라고 이야기해주거나 전체에게 같은 이야기를 해주는 것도 좋다.

● 준비물 의자, 잔잔한 분위기의 BGM

 함께 놀이해요! -

1. 원형으로 의자를 배치한다.
2. 음악이 나오면 자리에서 일어나서 세 명씩 만나 자기소개를 한다. 최근에 가장 기대되는 것과 가장 걱정되는 것 하나씩을 이야기한다.
3. 진행자는 세 명씩 만나 이야기를 하는 동안 의자를 뒤집거나 뺀다.
4. 음악이 멈추거나 진행자가 "자리에 앉아주세요."라고 말하면 10초 이내로 모두 앉아야 한다. 이때 바닥에 앉을 수 없고, 서로 협력해서 의자에 앉아야 한다.
5. 모두가 앉으면 진행자가 하는 말을 따라 한다. "네 무릎을 빌려줘서 고마워.", "내 무릎에 앉아줘서 고마워."
6. 몇 번 반복한 후 다시 모여서 소감을 나눈다.

나쌤의 수업 나눔과 성찰

서로 의지하면서 위기를 극복하는 것에 대해 생각해볼 수 있는 활동입니다. 아이들이 이야기를 나누는 동안 진행자가 의자를 하나씩 뒤집어 놓거나 뺍니다. 의자에 앉으라는 신호에 맞추어 빠르게 앉으면 됩니다. 뒤집어진 의자에는 앉을 수 없기 때문에 친구들에게 의지해서 앉을 수밖에 없죠. 정해진 시간 안에 모두 앉으면 교사의 내레이션을 따라하게 합니다.

놀이 확장 TIP 소외된 사람들에 대해 알아보고, 어떤 도움을 줄 수 있는지 얘기해보는 활동으로 이어갈 수 있다.

15
제일 좋아하는
음식은?

오고가는 창의적 질문 속에 빵빵 터지는 웃음!

- -

#문제해결 #창의융합 #공동체 #창의적사고

질문에 답하고 다시 자리를 바꿔 질문하는 모습
질문을 하나도 받지 못해 놀이 활동에서 소외되는 친구가 있어서는 곤란하다. 놀이를 시작
하기 전에 모두가 참여할 수 있는 규칙을 정해두는 것이 좋다.

● 준비물 의자나 원 마커

함께 놀이해요!

1. 원을 만들어 의자에 둘러앉는다.
2. 술래가 한 명에게 가서 질문을 한다. "제일 좋아하는 음식은 무엇인가요?"
3. 질문을 받으면 '오줌', '똥', '코딱지' 중에 하나를 말한다.
4. 자리를 바꿔가면서 즐겁게 놀이한다.
5. 익숙해지면 질문을 창의적으로 만들어서 한다. 예를 들어 "오늘 점심시간에 가장 먹고 싶은 메뉴는?", "주말에 가족들과 외식을 할 때 무엇을 드실 건가요?" 등으로 할 수 있다.

나쌤의 수업 나눔과 성찰

전국 놀이 모임 '놀이 위키'에서 배운 놀이를 아이들과 함께 했습니다. 질문을 재미있게 하는 것이 포인트인 놀이입니다. 그런데 1학년이라서 질문을 만드는 데 다소 어려워하는 것 같아 오늘은 질문 2개 중에 하나 선택해서 하게 했습니다. 2가지 질문은 "제일 좋아하는 음식은?", "오늘 아침에 먹고 온 것은?"으로 했죠. 아이들에게 치트키 같은 놀이입니다. 질문에 무조건 '오줌', '똥', '코딱지' 중 하나로 답해야 하므로 매번 깔깔 웃으며 정말 좋아합니다.

놀이 확장 TIP 놀이 후에 가장 창의적인 질문, 가장 재미있는 질문 등의 부문에서 한 사람씩 뽑는 것을 추가로 넣는다. 자신의 차례에서 특별히 떠오르는 질문이 없다면 공식 질문인 "제일 좋아하는 음식은?"으로 할 수 있도록 정한다. 질문을 생각하느라 놀이 자체에 집중하지 못할 수 있고, 또 활동 시간이 필요 이상 길어지는 것을 막아준다.

□저학년 □중학년 □고학년 ■전학년   □개별 □짝 □모둠 ■전체

16
한 바퀴
전달 놀이

다양한 방법으로 빠르고 정확하게 전달해 볼까요?

#창의융합 #협력 #공동체 #집중력

찌릿~ 전달!

전달된 주제나 물건이 한 바퀴 돌아오는 데 걸리는 시간을 측정하는 모습
자기 차례에서 시간을 소비하지 않도록 재빨리 다음 친구에게 전달하는 것이 포인트. 시간
을 줄이기 위한 방법에 관해서도 함께 이야기를 나눠보면 좋다.

302 다시 만난
수업놀이
디 에센셜

● **준비물** 의자나 방석, 전달할 주제나 물건

함께 놀이해요!

1. 원의 형태로 의자에 앉거나 선다.
2. 다양한 전달(박수-숫자(번호)-이름-무릎치기-전기 전달) 방법을 연습한다.
3. 한 바퀴를 돌아서 진행자에게 돌아오는 시간을 재는데, 일단 최초 시간을 기록해둔다.
4. 이후부터 처음에 걸린 시간을 줄이기 위해서 노력하며 기록 단축에 도전한다.

나쌤의 수업 나눔과 성찰

두 가지 버전으로 전달 놀이를 해보았습니다. 첫 번째는 박수, 두 번째는 자기 이름 외치기로 했죠. 한 바퀴 돌아오는 데 걸리는 시간을 잰 후에 점점 줄여 나가는 것을 목표로 했습니다. 조금이라도 시간이 단축되면 춤을 추면서 기뻐하는 아이들의 모습을 보고 있노라니 절로 힐링이 되는 느낌입니다. 다만 놀이를 통해서 자신에게만 시선이 집중되고, 친구들이 자신만 달래줄 것을 목표로 하는 아이 몇 명이 눈에 들어왔습니다. 다른 시간에도 그런 성향이 나타나는지 좀 더 지켜본 후에 아이들과 이야기해보자고 생각했습니다.

놀이 확장 TIP 배운 내용을 활용하거나 복습하는 형태로 놀이를 응용해도 좋다. 순서가 있는 내용이면 더욱 좋다. 예컨대 숫자에 대해 배웠다면 하나-둘-셋-넷-다섯… 순서대로 말로 전달할 수 있다. 한글에 대해 공부하고 있다면 모음 'ㅏ ㅑ ㅓ ㅕ ㅗ ㅛ ㅜ ㅠ ㅡ ㅣ' 등으로 전달할 수 있다.

□저학년 □중학년 □고학년 ■전학년　　　□개별 □짝 ■모둠 ■전체

17
이겨라! 비겨라! 져라!

술래와 '가위바위보'를 하면서 신나게 움직여요!

- -

#협력 #공동체 #집중력 #갈등관리

술래가 내는 것이 무엇인지 확인하는 모습

이 놀이의 '가위바위보' 규칙을 제대로 이해하지 못하는 아이들도 있을 수 있다. 모두 이해할 수 있게 이동 규칙을 말로 다시 알려주는 것도 좋다.

● 준비물   의자나 원 마커

– – – – – – – – – – – – – – – – – –

1. 의자만 가지고 원으로 둘러앉는다.
2. "준비~시작", "ㅇㅇ(술래)를 이겨라! 가위바위보!"
3. ㅇㅇ(술래)는 손을 높게 들고 가위, 바위, 보 중에 하나를 선택해서 낸다.
4. 이긴 사람(비기는 것, 지는 것으로 바꿔서 진행)은 그 자리에 그대로 있고, 지거나 비기면 자리를 바꾼다.
5. 자리를 바꾸는 사이에 술래가 비어있는 자리로 들어간다.

나쌤의 수업 나눔과 성찰

가위바위보만 할 줄 아면 누구나 재미있게 할 수 있는 놀이를 1학년 아이들과 해보았습니다. 너무 복잡한 규칙보다는 뭐든 단순하게 시작해야 더 재미있게 할 수 있다는 생각입니다. 처음에는 이겨라! 비겨라! 져라! 중에서 "이겨라!"만 했습니다. 놀이에 익숙해질 시간을 주기 위함입니다. 어느 정도 익숙해진 후 '비겨라'와 '져라'를 넣어서 했습니다. 아이들에 따라 자신이 움직이는 게 맞는지 헷갈려 하는 경우가 있어서 "주먹 빼고 모두 이동하세요." 등으로 알려주면서 놀이했습니다.

놀이 확장 TIP   처음에는 교사가 술래를 하고, 순서대로 돌아가며 술래를 하면 좋다. 처음에는 최대한 작게 원을 만들고, 점점 원 크기를 넓히면 운동량이 늘어난다. 교실에서 연습한 후 강당으로 이동한다. 원 마커 등을 이용해서 점점 원을 넓히면 땀을 뻘뻘 흘릴 만큼 제법 운동량이 많다.

□저학년 □중학년 □고학년 ■전학년   □개별 □짝 □모둠 ■전체

18

살금살금
악어 사냥

 지키는 것보다 사냥하는 것에 집중해요!

#공동체 #갈등관리 #자기관리 #신체감각

친구의 몸에 붙어 있는 빨래집게 악어를 사냥하며 즐거워하는 모습
다양한 색깔의 빨래집게를 활용한 재미있는 놀이이다. 색깔별로 다른 점수를 부여하면 한
층 더 재미있게 놀이할 수 있다.

● 준비물 빨래집게 개인별 3~5개, 신나는 음악

함께 놀이해요! -

1. 활동 구역을 정하고 개인당 3~5개씩 빨래집게를 받는다.
2. 빨래집게는 30초 안에 몸에 붙인다.
3. 1분 동안은 친구들 몸에서 빼서 자신의 몸에 붙인다.
4. 이후에는 반대로 1분 동안 친구들의 몸에 붙인다.
5. 활동 후 소감을 나눈다.

나쌤의 수업 나눔과 성찰

아이들에게 빨래집게를 악어라고 소개했습니다. 애완용 악어를 몸에 붙이고
다니라고 하니 아이들이 좋아합니다. 악어 사냥을 하면서 혹시 다치지는 않을
까 걱정도 했지만, 놀이하는 내내 웃음꽃이 끊이지 않았습니다. 누가 더 많은지
비교하지는 않았고, 다만 모둠끼리 함께 모여 모은 악어를 가운데 두고 기념사
진을 찍으면서 즐겁게 마무리했습니다. 경쟁적 요소가 너무 부각되면 놀이를
온전히 즐기지 못하고 서로 비교하고 경계하는 데만 몰두하게 됩니다. 남과 비
교하면서 자칫 스스로를 평가절하하기도 하죠. 교실은 배움의 공간이 아닌 누
가 더 잘하는지 다투는 싸움터가 되고 맙니다. 늘 그 부분을 주의하면서 함께
즐거우면서 서로 연결되는 시간을 많이 만들려고 합니다.

놀이 확장 TIP 빨래집게 색깔마다 의미를 부여하고, 다양한 색 악어를 사
냥하는 것으로 상황을 설정하고 할 수 있다. 만약 총 5가지 색이 있다면 5가지
색 악어를 모두 사냥에 성공한 사람은 100점, 4가지 색은 80점 등으로 점수를
주는 것도 좋다. 색깔 이외에 전체 악어 수에 10점씩 점수를 주고 계산하는 것
으로 마무리해도 좋다.

□저학년 □중학년 □고학년 ■전학년   □개별 □짝 □모둠 ■전체

19
이기는 게
전부는 아니야!

 져도 좋고, 비기면 하나가 되어요!

#공동체 #갈등관리 #협력 #집중력

졌다~
만세!

지거나 비기는 것을 목표로 하는 '가위바위보'를 하는 모습
현대사회는 너무 이기는 데만 골몰하는 경향이 있다. 그런 의미에서 이 놀이는 그 자체로
반전을 제공한다. 과정 자체에서 재미와 의미를 함께 발견하는 것이 중요하다.

● 준비물   신나는 BGM, 돌아다닐 수 있는 넓은 공간

함께 놀이해요!

- -

● 이기면 손해! 지면 이익!

1. 자유롭게 돌아다니다가 '가위바위보'를 한다.

2. 지면 큰 소리로 "만세!"를 하고 뒤로 돌아 선두가 되고 이긴 사람은 뒤에 붙는다.

3. 꼬리가 길어져도 같은 방법으로 전체가 한 줄이 될 때까지 가위바위보를 계속한다(진 팀은 "만세!"하며 뒤로 돌아 앞사람 어깨에 손을 올림).

● 모두 같은 것을 낼 때까지!

1. 자유롭게 돌아다니면서 '가위바위보'를 한다.

2. 비기면 "만세"를 크게 외치고 짝이 된다.

3. 비기기에 성공한 다른 짝들과 만나 또 비기면 크게 "만세!"를 외친다.

4. 전체가 모두가 같은 것을 내어 비길 때까지 반복한다.

5. 활동 후 소감을 나눈다.

나쌤의 수업 나눔과 성찰

비폭력대화(NVC) 놀이를 통해 배웠습니다. '가위바위보' 놀이는 보통 이겨야 좋은 경우가 많습니다. 기차 가위바위보(272~273쪽 참조)의 경우 이겨야만 앞으로 가고, 한 번 지면 뒤에 있어야 합니다. 그러다 보니 한 번 지면 뒤에서 이후 활동에 대해 관심을 갖게 만들기 어려워질 수 있죠. 때로는 지는 것이 더 좋거나 다 같이 비기면 하나가 되는 활동으로 바꿔보면 모두가 재미있게 놀 수 있습니다.

놀이 확장 TIP   전체 한 줄을 만든 후 시작과 끝을 이어 원으로 만들고 다음 활동을 하면 좋다. 또는 다른 공간으로 이동하거나 급식을 먹는 순서를 결정할 때 활용해볼 것을 추천한다.

20
최고의 전사는 누구?

 우리 보물을 지키면서 적의 보물을 공격하라!

#공동체 #신체감각 #집중력 #창의융합

자신의 보물을 지키면서 적의 보물을 공격하는 모습
먼저 1대1 대결을 펼쳐보고, 아이들이 놀이에 익숙해지면 2대2, 3대3 대결로 확장해간다.
스틱을 휘두르면서도 자신의 콘 위에 올린 공을 지켜내는 것이 포인트.

● 준비물 백업스틱, 콘, 피구공

1. 처음에는 1대 1로 대결한다. 대결 순서를 미리 뽑아서 토너먼트로 하면 더 재미있다.
2. 백업스틱은 창이나 검 대신이다. 콘 위에 보물인 피구공을 올린다.
3. 내 보물을 지키면서 친구의 보물을 콘 위에서 떨어뜨리면 승리한다.
4. 익숙해지면 2대 2대결, 3대 3대결 등으로 숫자를 늘릴 수 있다.

나쌤의 수업 나눔과 성찰

비교적 짧은 시간에 큰 재미를 주는 놀이입니다. 백업스틱은 '검' 대신입니다. 다른 한 손에는 콘을 거꾸로 들고, 그 위에 공을 올립니다. 공은 '보물' 대신이죠. 상대방의 공을 먼저 바닥에 떨어뜨리면 승리입니다. 설명하고 바로 했는데 역시 엄청 재미있습니다. 반전도 많이 일어나고 묘한 긴장감이 흐릅니다. 모든 아이들이 골고루 해볼 수 있도록 모둠대결 리그전으로 했습니다. 1모둠이 2, 3, 4, 5모둠과 순서대로 대결하고, 이길 경우에 자석 1개를 받습니다. 이어 2모둠은 3, 4, 5모둠과 대결합니다. 3모둠은 4, 5모둠과 대결합니다. 4모둠은 5모둠과 대결합니다. 그러면 모든 모둠이 1번씩은 다 대결할 수 있습니다. 시간도 많이 걸리지 않는데 재미있는 활동이라는 생각입니다.

놀이 확장 TIP 백업스틱이 없으면 빗자루나 신문지 등을 이용해서 하면 된다. 일대일 대결로 연습을 충분히 했다면 팀 대결로 이어가 보자. 2대 2로 대결도 해보고, 4대 4로 대결해보는 것도 재미있다.

□저학년 ■중학년 □고학년 ■전학년　　■개별 ■짝 ■모둠 ■전체

21
스파이컵을
찾아라!

스파이인 다른 색 컵을 맨 위로 올려요!

#공동체 #신체감각 #집중력 #자기관리

스파이는
맨 위로~!

스파이컵을 찾아서 맨 위로 올리는 모습
마음이 급해 컵을 여러 개씩 한꺼번에 옮기려다 보면 바닥에 우르르 떨어뜨리기 십상이다.
컵은 한 번에 한 개씩만 옮기는 규칙을 세우고, 서로 지키는 것이 좋다.

**다시 만난
수업놀이
디 에센셜**

● 준비물   컵 쌓기(스피드 스택스) 2세트

함께 놀이해요!

1. 여러 가지 색깔의 컵 쌓기 세트를 준비한다.
2. 12개를 기준으로 11개는 같은 색, 1개를 다른 색으로 한 세트를 만든다.
3. 맨 아래에 다른 색 컵을 두고, 시작과 함께 위에서 아래로 컵을 옮긴다.
4. 다른 색 컵을 먼저 맨 위로 옮겨서 스파이컵을 찾은 사람이 승리한다.
5. 익숙해지면 모둠 릴레이로 대결한다.

나쌤의 수업 나눔과 성찰

개인별로 위부터 아래로 하나씩 컵을 옮기는 연습을 한 후 모둠 대결을 했습니다. 모둠 4명이 순서를 정하고, 색이 다른 스파이컵을 맨 위로 올리면 다시 맨 아래로 옮긴 후 다음 사람에게 넘기는 식으로 모두가 다 하는 데 걸리는 시간을 비교하여 대결했습니다. 우리 반에서는 컵 쌓기 컵을 이용해서 교실뿐만 아니라 운동장에서도 다양하게 활동하다 보니 컵에 모래가 묻어 있어서 잘 빠지지 않는 경우도 있었는데, 이것이 오히려 반전 포인트가 되어 재미를 더했습니다. 모든 모둠이 같은 조건이라서 특별히 문제가 되지는 않았죠. 중간에 우리 팀이 실수하거나 조금 늦게 했을 때 비난하거나 탓하는 팀은 예외 없이 좋지 못한 결과가 나옵니다. 그 부분에 대해 아이들에게 언급해줬습니다. 놀이에서 졌다고 세상이 무너지지 않습니다. 이겼다고 해서 엄청나게 좋은 일이 생기는 것도 아닙니다. 놀이를 하는 과정과 그 결과에서 누군가가 상처 받거나 반대로 우쭐하지 않았으면 좋겠습니다.

놀이 확장 TIP   색이 다른 컵이 없다면 컵 맨 위에 비밀 코드(스파이 등)를 적어두고 이를 보면서 해도 좋다. 수학과 연계해서 숫자를 써두고, 문제를 칠판에 적고 답을 찾는 놀이로 확장할 수도 있다.

22

4목
빙고 게임

 먼저 연속된 4칸을 차지하면 승리!

#문제해결 #문해력 #기초학력 #지식정보처리

문제를 알아맞혀 연속된 4칸을 먼저 차지하기 위해 노력하는 모습

빙고는 다양하게 응용할 수 있다. 이번에는 문제를 알아맞히고 빙고칸을 채우는 놀이로 응용해보았다. 놀이와 함께하면 아이들이 확실히 배움에 한층 더 집중하는 모습을 보인다.

● 준비물   포스트잇, 빙고판, 문제 카드

함께 놀이해요!

1. 칸이 나눠져 있는 공책, 칠판을 활용한 전략 놀이이다.
2. 칠판에 문제를 풀고 나서 차지할 영토(빙고판)를 만든다.
3. 배운 내용과 관련한 문제를 만들고, 교사가 만든 문제도 함께 넣는다.
4. 문제 카드를 뽑아서 내면 팀별로 1번씩 기회가 있다.
5. 가로, 세로, 대각선 등 4칸을 연속으로 이으면 바로 승리한다.
6. 만약 두 팀 모두 4칸을 연속으로 잇지 못한 경우, 연속한 땅이 더 많은 팀이 승리한다.

나쌤의 수업 나눔과 성찰

사회 2단원 '고려'의 최종 복습을 했습니다. 여기에는 4개의 소단원이 있어 모둠 번호별로 역할을 나눴습니다. 모둠별로 쪽수를 분배해서 골고루 문제가 나올 수 있도록 만들었습니다. 문제가 고르게 나오도록 만든 장치입니다. 뽑기 통에 넣어둔 문제를 뽑아서 대결을 했습니다. 첫 번째 판은 여학생의 승리, 두 번째 판은 남학생의 승리입니다. 그중 태오가 대활약하며 큰 박수와 환호를 받았습니다. 세 번째 판은 여학생의 승리로 최종 여학생의 승리했지만, 모두가 박수받은 시간이었습니다.

놀이 확장 TIP   4목 빙고에 익숙해지면 3목 빙고, 5목 빙고 형태로 응용할 수 있다. 또 대결하기 전에 상대팀에 페널티를 하나씩 주고 시작하는 것도 재미있다. 대각선 금지, 가로 금지 등을 페널티로 추가하여 응용해보자.

23
빨래집게
모기 놀이

모기 VS 인간, 과연 전략적 승자는?

#공동체 #신체감각 #청각자극 #집중력

모기팀과 사람팀으로 각각 나눠 놀이하는 모습
놀이를 할 때 실제 모기가 앵앵거리는 것 같은 리얼한 효과음을 깔아주면 실제 모기떼들이
날아다니는 것처럼 훨씬 재미있게 놀이할 수 있다.

● **준비물** 색이 다른 빨래집게(빨간색, 파란색, 하얀색), 모기 소리 BGM, 타이머

함께 놀이해요!

1. 모기팀은 하얀색 빨래집게(모기 침) 5개씩 가지고 공격할 준비를 한다.
2. 사람팀은 빨간색이나 파란색 빨래집게(피) 3개를 옷에 붙인다.
3. 사람 팀은 잠이 들었다가 모기가 근처에 오거나 무는 것 같으면 최대 3초간 손을 들 수 있다. 이후 손을 내려야 하고, 5초 동안은 손을 들 수 없다.
4. 모기는 사람이 손을 들면 반드시 다른 사람에게 가야 한다.
5. 모기는 빨래집게(피)를 뺏어오기 전에 반드시 하얀색 빨래집게로 1번 물어야 한다. 단, 이미 한 번 물어놓은 사람에게서는 바로 뺏어올 수 있다.
6. 모기가 사람에 붙인 빨래집게는 1점, 뺏은 빨래집게는 3점이다.
7. 정해진 시간 동안 활동을 하고 점수 계산 후 역할을 바꾼다.

나쌤의 수업 나눔과 성찰

빨래집게로 할 수 있는 재미있는 놀이입니다. 2팀으로 모기와 인간 역할을 나눴습니다. 인간은 안대를 쓰는데, 잠자는 설정입니다. 몸에 붙인 빨간색 또는 파란색 빨래집게는 피를 의미합니다. 모기는 흰색 빨래집게를 가지고 활동하죠. 1분 동안 모기가 인간의 피를 뺏으면 3점이고, 흰색 빨래집게를 붙여서 물면 1점을 얻습니다. 사람은 모기가 찾아온 것 같으면 손을 들어 3초 동안 모기를 쫓을 수 있고, 모기는 다른 인간에게 가야 하지만, 3초가 지나면 다시 찾아올 수 있습니다. 1분이 지나면 역할을 서로 바꿔봅니다.

놀이 확장 TIP 모기 소리를 더 재미있게 활용해보자. 모기 소리가 나면 모기가 활동하고 멈추면 끝나는 식이다. 소리에 좀 더 집중하게 되고, 실제 모기들이 연상되어 훨씬 실감난다.

□저학년 □중학년 □고학년 ■전학년   □개별 □짝 ■모둠 ■전체

24
포스트잇
TIC TAC TOE

 빨리 정답을 맞혀서 한 줄 빙고를 완성해요!

#문제해결 #창의융합 #문해력 #기초학력

집중해서 듣고 문제를 풀어서 한 줄 빙고를 만드는 모습
놀이 요소가 가미되면 공부에 따분해하던 아이들도 한층 관심을 보이며 적극적으로 임한다. 색이 서로 다른 포스트잇만 있으면 쉽게 시작할 수 있는 재미있는 놀이이다.

● 준비물 문제 카드, 빙고판, 포스트잇(모둠별 다른 색), 필기도구

함께 놀이해요!

1. 팀을 나누고 문제를 풀 준비를 한다.
2. 칠판에 3×3 빙고판을 만든다.
3. 모둠마다 서로 색이 다른 포스트잇에 답을 쓴 후 칠판에 붙인다.
4. 답이 맞으면 그대로 붙이고, 틀리면 붙이지 않는다.
5. 동시에 같은 곳에 붙였고, 답도 맞았다면 '가위바위보'로 결정한다.
6. 먼저 한 줄 빙고를 완성한 팀이 승리한다.

나쌤의 수업 나눔과 성찰

남학생과 여학생으로 나누어 포스트잇을 이용해 즐겁게 공부했습니다. 문제를 풀 의자를 만들어놓고, 색이 다른 포스트잇을 준비했습니다. 잘 보이도록 네임펜으로 답을 쓰는 것으로 했습니다. 3×3빙고판 중 1줄 빙고를 먼저 만든 팀이 승리합니다. 1줄을 완성하지 못하고 끝나면 더 많은 칸을 차지한 팀이 승리합니다. 9칸이라서 반드시 승부가 납니다. 아이들의 수준(한글 쓰기 등)에 맞게 문제 난도를 적절히 조절하는 것이 중요합니다.

놀이 확장 TIP 문제를 풀어서 답을 쓰는 공간과 빙고판의 거리를 멀게 하기, 답을 써서 붙이러 가는 길에 주사위를 던져서 나온 숫자만큼 팔 벌려 뛰기 등의 미션을 추가하면 활동이 한층 더 재미있다.

교실, 집 어디서든
가볍게 즐길 수 있어요!

이 책을 마치기 전에 교실에서는 물론 가정에서도 부모님 또는 형제자매와 함께 해볼 수 있는 간단하지만 재미있는 놀이 몇 가지를 더 소개하려고 합니다. 이곳에 담긴 놀이들은 시간이나 방법 면에서 앞서 소개한 놀이들에 비해 비교적 간단할 뿐만 아니라, 준비물도 풍선이나 종이컵 등 주변에서 쉽게 구할 수 있는 것들을 활용하여 접근성을 낮췄습니다. 수업 중 자투리 시간이나 쉬는 시간 등에 가볍게 즐기며 공부 스트레스도 시원하게 해소할 수 있는 재미있는 놀이들을 만나보세요. 그리고 이곳에 소개된 놀이들은 큐알코드를 찍으면 나쌤의 놀이 시연 장면을 확인하실 수 있습니다.

7장

간편
수업놀이

01 ● 준비물 풍선, 깔대기

 깔대기에 착~ # 풍선 비행기 착륙 놀이

"미션, 풍선을 안전하게 착륙시켜요!"

?? 놀이방법 -

1. 풍선에 바람을 넣어 부풀린다.

2. 풍선을 바닥에 들어서 공중에 띄운다.

3. 바닥에 다시 떨어지기 전에 깔대기 위에 정확하게 착륙시키면 된다.

4. 실패하면 다시 반복해서 먼저 안전하게 착륙시킨 사람이 승리한다.

5. 익숙해지면 팀을 나누고 릴레이로 대결해 모두가 먼저 착륙한 팀이 이긴다.

풍선 비행기를 깔대기를 이용해서 착륙시키는 모습

깔대기가 없으면 종이컵을 활용한다. 혼자서도 할 수 있다. 바닥에서 풍선을 쳐 올린 후 깔대기를 이용해 풍선을 착륙시키면서 놀 수 있다. 또 식탁이나 책상 위에 종이컵이나 깔대기를 올려두고, 아래에서 손으로 쳐서 그 위에 착륙시키는 것으로 응용해볼 수 있다. 완벽하게 착륙할 때까지 집중해야 떨어지지 않는다. 풍선과 깔대기만 있으면 혼자서도 얼마든지 재미있게 놀 수 있다.

● 준비물　상품 광고지나 영화 포스터, 가위(직접 만들 경우)
8절 이상 도화지, 색연필

퍼즐을 맞춰라!

"처음 모습 그대로 돌려주세요!"

 놀이방법 --

1. 퍼즐로 만들 잡지나 상품 광고지 1장을 고른다.
2. 몇 조각으로 나눌지 정한다. 20조각으로 나누는 것으로 했다면 20조각 이
   내로 나눈다. 나눈 조각을 섞은 후 뒤집어놓는다.
3. 2명 이상이 함께할 경우에는 바꿔서 해본다.
4. 돌아가며 같은 방법으로 퍼즐을 맞춰본다.

퍼즐을 직접 만들어서 맞추는 모습

포스터나 광고지를 이용해도 좋지만, 빈 종이에 직접 그림을 그린 후 하면 더 좋다. 또는 큰 테두리
만 그려놓은 후 퍼즐을 맞춘 후 색칠을 하며 완성하는 것도 추천한다. 가위나 칼을 이용해서 다양한
모양으로 잘라서 퍼즐을 만든다. 특히 수학 시간에 배운 다양한 모양의 삼각형, 사각형 등의 도형으
로 직접 퍼즐 조각을 만들면서 놀이할 것을 추천한다.

반동 투석기 놀이

"윗몸 일으키기를 하면서 반동으로 풍선을 던져요!"

 놀이방법 -

1. 책상에 컵을 쌓아서 목표물을 만들고 바닥에 매트를 준비하고 눕는다.
2. 누운 상태에서 풍선을 잡고, 윗몸 일으키기 반동으로 목표물(컵 탑)을 향해 풍선을 날린다.
3. 더 적은 시도, 더 빠른 시간 내에 목표물을 모두 제거하면 승리한다.
4. 사람이 많으면 서로 반대 방향으로 공격하는 대결 형태로 할 수 있다.

풍선 반동 투석기로 종이컵 탑을 무너뜨리는 모습

반드시 윗몸 일으키기로 풍선을 던져야 한다. 일어남과 동시에 던진 것만 인정한다. 만약 2명이 한다면 서로 다른 방향에 종이컵 탑을 쌓고, 먼저 쓰러뜨리기 대결을 하면 재미있다. 더 많은 인원이 있다면 중간에 미션을 수행하고, 쓰러진 컵을 다시 쌓을 수 있는 기회를 주는 것도 좋다. 그냥 쌓을 수는 없고, 팔 벌려 뛰기 10번 하면 1개 다시 쌓는 등의 미션을 추가하면 좋다. 한 번 공격할 때마다 일어났다가 다시 눕고 던지는 과정이 생각보다 운동량이 많다.

자연스럽게 복근 운동이 됩니다.

풍선 투포환 놀이

"빙글빙글 돌아서 최대한 멀리 던져요!"

?? 놀이방법 ----------------------------------

1. 색이 다른 풍선을 준비해서 비슷한 크기로 바람을 불어 묶는다.
2. 묶은 부분을 손가락으로 잡은 후 제자리에서 세 바퀴 돈 후 최대한 멀리 날리는 연습을 하고, 한 명씩 순서대로 던지기 대결을 한다.
3. 넘으면 파울인 선을 긋고, 세 바퀴 회전 후 최대한 멀리 던진다.
4. 줄자가 있으면 줄자로 기록을 측정한다. 여러 번 도전해서 평균을 내거나, 가장 멀리 간 것 등으로 규칙을 정해 대결한다.

풍선을 더 멀리 던지기 위해 노력하는 모습
풍선이 워낙 가볍다 보니 그냥 날려도 변수가 있지만, 2~3바퀴 제자리에서 돈 후 던지면 다양한 반전이 일어난다. 또 풍선의 크기를 다양하게 준비해서 선택해서 놀이를 하면 또 다른 재미가 있다. 던져서 멈춘 곳에서 이어서 목표 지점까지 먼저 가는 사람이 승리하는 것으로 응용 가능하다.

05 ● 준비물 종이컵 여러 개, 실, 테이프

종이컵 낚시 놀이

"종이컵 낚싯대로 종이컵 물고기를 잡아요!"

❓❓ 놀이방법

1. 바닥(바다)에 종이컵(물고기)을 불규칙하게 둔다.

2. 종이컵 하나에 실을 붙여 낚싯대를 만든다.

3. 의자(배) 위에 올라가서 바닥에 있는 종이컵 물고기를 잡는다.

4. 종이컵 낚싯대를 바닥에 있는 종이컵 물고기에 끼운 후 공중으로 한 번에
   당겨서 띄운 후 손으로 잡아채면 낚시 성공이다.

종이컵 물고기를 종이컵 낚싯대로 잡아 들어올리는 모습

천천히 잡아당기면 잘 안 된다. 종이컵 낚싯대를 종이컵 물고기 위에 포갠 후 재빠르게 들어올리는
것이 전략. 대결 형태로 하는 경우 먼저 더 많은 물고기 종이컵을 잡는 쪽이 승리하는 형태로 할 수
있다. 또는 5가지 색 물고기 종이컵을 먼저 잡는 등 다양한 미션을 먼저 해결한 사람이 승리하는 것
으로 할 수 있다. 학습과 연계해서 할 수도 있다. 예컨대 종이컵에 ㄱㄴㄷ, ABC, 123 등을 적어놓
고, 다양한 문제를 만들고 답을 찾는 놀이로 응용할 수 있다.

공든 탑 무너뜨리기

"몇 번 만에 공든 탑을 무너뜨릴 수 있을까요?"

 놀이방법 -

1. 책상 위에 컵 쌓기 컵 12개로 공든 탑(5층)을 쌓는다.
2. 혼자 할 경우 풍선을 쳐서 12개 컵을 모두 바닥에 떨어뜨리는 데 걸리는 시간, 도전 횟수로 한다. 대결인 경우 2세트를 준비해 서로 상대의 공든 탑을 먼저 무너뜨리면 승리한다.
3. 공격하는 사람과 무너진 탑을 보수(미션 수행 후)하는 사람으로 나눠서 진행할 수 있다.

풍선으로 컵 탑을 쓰러뜨리는 모습

풍선을 공중에 띄워서 목표물을 향해 정확하게 치기란 여간 쉽지 않다. 풍선이 1개뿐이라면 치고, 줍고, 치고, 줍고를 반복하면서 자연스럽게 운동을 하게 된다. 익숙해지면 상대방이 세운 공든 컵 탑을 먼저 쓰러뜨리는 것으로 대결할 수 있다. 3팀 이상으로 나눠서 전략적으로 공격하고 방어하는 것까지 발전시킬 수 있다.

놀이와 사회적 기술 이야기,
학교폭력이 사라질 그날을 기다리며

아이들과 함께 놀이를 하면 할수록 놀이를 통해 가르치고 배울 수 있는 것들이 참 많다는 것을 새삼 느끼곤 합니다. 특히 놀이는 **사회적 기술**(social skill), 즉 "협동하여 공동의 목표를 이루기 위해 서로 배려하며 대인관계를 맺어가는 기술"을 키우는 데 탁월한 방법입니다. 불확실성 시대에 맞닥뜨릴 온갖 복잡한 문제들을 함께 협력하여 잘 해결해나가기 위해서라도 사회적 기술의 중요성은 점점 더 강조됩니다.

| 폭력이 난무하는 요즘 학교 |

잔인한 '학교폭력'에 시달리다 인생의 막다른 길에 내몰렸던 주인공이 어른이 되어 자신을 괴롭혔던 동급생들에게 냉혹하게 복수하는 드라마가 큰 인기를 끌었죠. 아무리 억울해도 사적 복수는 결코 옳은 방법이라 할 수 없음에도, 많은 사람들이 가해자들에 대한 응징에 짜릿한 대리만족을 느꼈습니다. 그만큼 오늘날 아이들의 장난으로 웃어넘기기 힘든 학교폭력이 난무한다는 방증으로 씁쓸한 마음을 감출 수 없습니다. 드라마의 인기에 힘입어 한동안 연예인, 셀럽, 권력자나 그들의 자녀 등에 대한 학폭 이력이 속속 소환되며 엄청난 사회적 비난을 받기도 했죠.

학교폭력에 대한 사회적 비난은 날로 거세져 가는데, 학교폭력이 사라지기는커녕 어쩐지 해가 갈수록 점점 수위가 높아지고, 또 괴롭히는 방법도 점점 더 다양하고 교묘해집니다. 심지어 이제는 학생 간 폭력을 넘어 최소한의 교권(敎權)마저 위협하는 교사에 대한 심리적·물리적 폭력도 심심치 않게 벌어지는 등 학교폭력이 사회문제로 비화되고 있습니다. 이는 징벌적 대응만으로는 학교폭력을 뿌리 뽑는 데 한계가 있음을 여실히 보여줍니다.

학교폭력의 원인은 어느 한 가지로 콕 집어낼 수 없기에 해결을 위한 정답이 존재하지 않습니다. 또 어느 공동체든 갈등이 완전히 사라지게 만드는 것도 불가능에 가깝죠. 따라서 좀 더 거시적인 접근이 필요합니다. 즉 어릴 때부터 타인과 함께 잘 살아가는 것이 왜 중요한지 깨닫고, 또 갈등을 완전히 피할 순 없을지라도 이를 평화롭게 해결하는 방법이 몸에 배도록 도와야 합니다. 학교는 아이들을 민주시민, 세계시민으로 키워낼 책임이 있으니까요. 백번 천번 입이 아프도록 가르치고 타이를 수도 있지만, 잔소리의 효과는 그리 오래 지속되지 않는 점에서 지속가능한 방법이라 하기 어렵습니다.

| 놀이 안에서 몸에 배어가는 사회적 기술 |

저는 평소 아이들과 함께 다양한 사회적 기술을 활용해볼 수 있는 놀이를 자주 하려고 합니다. 따가운 잔소리 대신 반복된 놀이 속에서 자연스럽게 경청, 타인에 대한 존중, 배려, 문제해결, 갈등해결, 배려 등 다양한 사회적 기술이 몸에 배기를 바라는 거죠.

-먼저 인사하기	-칭찬하기	-허락 구하기
-규칙 따르기	-교사 신호 따라 행동하기	-행동하기 전에 생각하기
-다른 사람 존중하기	-결과 받아들이기	-비속어 사용하지 않기
-실패에 대한 반응하기	-문제 해결하기	-감정 표현하기
-목표 세우기	-자기 통제	-다른 사람 감정 알아차리기
-경청하기	-과제 완수	-자기 보상하기
-과제 주목하기	-또래 압력 다루기	-다른 사람 돕기
-차이점 받아들이기	-설득하기	-평화적으로 갈등 해결하기
-비난 다루기	-마음의 평정 찾기	-격려하기
-정보 수집하기	-약한 학생 보호하기	

수업놀이를 연구할 때 교사가 가장 중요하게 관심을 기울여야 하는 것 또한 재미있는 놀이 방법이 아닙니다. 그보다는 놀이를 대하는 교사의 태도, 놀이 중 갈등이 발생했을 때 그 갈등을 어떻게 해결하는가 하는 부분에 대한 교사의 관심이 더 중요하죠. 문제가 발생했을 때 그것을 대하는 태도와 해결책을 찾아가는 과정이 훨씬 중요하다는 뜻입니다. 위의 표는 아이들이 배워야 할 주요 사회적 기술목록을 정리한 것입니다.

| 놀이에서 이끌어낸 덕목과 가치를 교실의 일상으로 |

일반적인 놀이라면 함께 '재미'를 얻은 것으로 충분히 그 목적을 다했다고 할 수 있습니다. 하지만 수업놀이는 재미 추구가 목적이 되어서는 안 됩니다. 이는 수업놀이와 일반적인 놀이를 가르는 주요 경계라 할 수 있죠. 따라서 추후 과정(follow up) 등을 통해 수업놀이가 원래 의도했던 배

1. 김현섭 외, 《사회적 기술》, 한국협동학습센터, 2014

체육관에서 둥글게 앉아있는 아이들
놀이 후 함께 모여서 놀이를 더 잘하는 데 필요한 사회적 기술에 관해 아이들이 이야기를 나누고 있다.

움에 이르도록 도왔는지, 즉 **성장과 변화의 추이**를 잘 관찰하고 확인하는 것이 수업놀이를 하는 것만큼 중요하다는 의미입니다.

특히 수업놀이를 통해 앞서 소개한 것 같은 사회적 기술이나, 덕목과 가치 등을 아이들이 자연스럽게 배워가고 있는지 확인하는 것도 필요합니다. 예컨대 평소 아이들과 놀이하며 덕목이나 가치 등에 대해 허심탄회하게 이야기를 나눠도 좋습니다. 실제 놀이 과정에서 발생한 상황들을 이용하여 좋은 방향으로 해결할 수 있는 방법이 있는지 함께 생각해 보고, 덕목이나 가치를 합의하는 것도 좋은 방법입니다. 이런저런 이야기를 나누다 보면 학생들의 삶에 더 가까이 다가갈 수 있을 뿐만 아니라 학생들과 합의로 이끌어낸 덕목이나 가치를 교실의 일상에서 비슷한 상황에 적용하는 식으로 확장할 수도 있습니다. 학생들은 교사가 일방적으로 규칙을 정했을 때보다 훨씬 적극적으로 지키려는 모습을 보이게 됩니다.

| 놀이의 빛과 그림자를 함께 마주하는 놀이성장 회의 |

저는 좀 더 즐겁고 의미 있는 수업놀이를 만들어가기 위해 아이들과 종종 놀이성장 회의를 엽니다. 사실 아무리 다수가 재미있게 참여한 놀이라고 해도 누군가는 어떤 이유로든 즐겁게 임하지 못했을 수도 있습니다. 이런 것들이 제대로 해결되지 않은 채 하나둘씩 계속 쌓이다 보면 얼마 지나지 않아 수업놀이는 아이들에게 더 이상 즐거움을 주지 못합니다. 자연히 즐기지 못하게 되겠죠. 즐겁지도 않고, 즐길 수도 없다면 아이들은 더 이상 자발적으로 반복하려고 하지 않을 테니, 더 이상 배움도 성장도 일어나지 않을 것입니다.

그래서 수업놀이 후에는 아이들과 함께 놀이의 '빛'과 '그림자'를 함께 얘기하는 것이 좋습니다. 특히 놀이의 그림자, 즉 부정적 측면을 애써 감추고 외면하기보다 차라리 툭 터놓고 얘기하면서 앞으로 개선할 수 있는 방법을 함께 찾아보는 것이 훨씬 전향적이라고 생각합니다.

방법은 간단합니다. 함께했던 놀이의 빛(긍정적 측면), 그림자(부정적 측면)에 관해 각각 자유롭게 얘기해보는 것입니다. 빛은 함께 칭찬하고, 반대로 그림자는 개선 방안에 관해 함께 이야기를 나누는 거죠. 그리고 아이들이 느낀 다양한 감정을 함께 공감하며 나누는 것이 중요합니다. 특히 놀이 과정에서 어떤 문제를 일으켜 다른 친구들을 불편하게 했다면 이에 대해 진심으로 사과하고 또 그 사과를 받아주고 용서하는 과정이 포함되면 더 좋습니다. 이를 통해 수업놀이는 모두가 즐겁게 참여하고 성장하는 의미 있는 놀이로 한 단계 더 진화하게 됩니다. 부디 여러분도 저마다의 방식으로 수업놀이와 함께 환한 웃음꽃이 가득한 행복하고 평화로운 학급공동체를 만들어가기를 진심으로 바랍니다.

부록

자주 쓰는 수업놀이 준비물

다음에 소개하는 도구들은 개인적으로 수업놀이에 자주 활용하는 것들을 정리해본 것입니다. 수업놀이에서 중요한 것은 도구 자체가 아닙니다. 다만 몇 가지 도구들을 갖춰놓고 잘만 활용하면 한층 풍성한 활동을 전개할 수 있습니다. 기성품을 구매해도 되고, 재활용품을 이용해서 아이들과 함께 직접 만들어보는 것도 적극 추천합니다.

이름	모습	설명
원 마커 (방석)		다양한 색깔 또한 번호가 들어간 원 마커를 준비해두자. 놀이 규칙을 명확히 하는 데 유용하고, 원 마커 자체로 다양한 놀이를 해볼 수도 있다. 시판 제품을 활용해도 좋고, 다양한 색지로 원 모양을 오리고 코팅하면 내구성 있게 사용할 수 있다.
라바콘 (숫자)		출발점, 기준점, 반환점 등으로 다양하게 활용할 수 있다. 숫자나 ABC 등 순서를 표현해놓은 제품을 이용해도 되지만, 매직이나 네임펜으로 직접 써서 사용해도 전혀 문제없다.
접시콘		경기장, 활동 구역을 표시할 때 효과적이다. 접시콘을 날리거나 머리 위에 올리거나 모아오는 등 다양한 활동에 응용할 수도 있다.
마스킹 테이프		실내에서 놀이 활동을 할 때 자주 활용된다. 시작점이나 영역 등 위치를 표시해야 할 때 여러모로 유용하다. 쉽게 붙였다가 뗄 수 있어 뒤처리도 간편하다. 직접적인 놀이 아이템이라기보다는 놀이의 공정성과 재미를 높여주는 유용한 아이템이다.

이름	모습	설명
빨래집게		가격도 저렴한 편이고, 색깔도 다양해서 좋다. 무엇보다 매우 다양한 놀이로 확장시킬 수 있는 재미있는 아이템이다. 다만 집게로 살을 집으면 아프거나 상처가 생길 수도 있기 때문에 놀이를 할 때 아이들에게 미리 주의하도록 당부해두는 것이 좋다.
백업스틱 (누들 스틱)		저학년 아이들도 쉽게 다룰 수 있는 가벼운 재질의 백업스티로폼으로 검색하면 쉽게 구입할 수 있다. 다양한 색깔과 두께가 있으나 5센티미터짜리로 준비하면 다양하고 재미있는 놀이로 발전시킬 수 있다.
컵 쌓기 (스피드 스택스)		컵 쌓기는 스피드 스택스라는 이름으로 세계적인 대회가 열릴 만큼 유명하다. 다양한 놀이는 물론 창의성처럼 고도의 두뇌활동을 이끌어내는 놀이로 확장시키는 데도 더없이 좋다. 작은 크기부터 점보컵까지 다양한 크기로 준비하면 더 좋다.
폼 주사위		아이들이 수 개념에 쉽고 재미있게 접근하도록 하는 데 더없이 좋다. 특히 수업 시간에 순서를 정할 때도 유용하다. 다양한 크기의 푹신한 소재로도 준비해두면 아이들과 함께 재미있는 놀이로 다양하게 발전시킬 수 있다.
훌라후프		훌라후프는 돌리는 것 이외에도 다양하게 활용할 수 있는 놀이 도구다. 다양한 크기와 색으로 준비해놓으면 술래잡기, 통과 달리기, 목표물 등 다양한 놀이로 발전시킬 수 있다.
안대		눈을 감고 활동을 해야 할 때 안대를 이용하면 좋다. 검색해보면 다양한 크기와 모양을 찾을 수 있다. 단 위생 문제를 고려하여 저렴한 것으로 준비하여 개인별로 따로 사용할 것을 추천한다.

이름	모습	설명
돗자리 (매트)		바닥 상태가 좋지 않을 때, 충격을 완화할 필요가 있을 때 바닥에 깔고 놀이할 수 있다. 또 벽, 커튼, 방패 등이 필요한 놀이 등에도 다양하게 활용할 수 있다.
고리		기본은 던져서 고리를 거는 용도이다. 하지만 고리 운반하기, 고리 굴리기 등 다양하게 응용할 수 있다. 집이나 학교 어디에서든 쉽게 적용해볼 수 있는 놀이 도구이다.
타이머		시간을 제한하는 활동일 경우에 필요한 도구로 짧은 시간 내 주의집중을 이끌어내는 놀이에서 특히 빠질 수 없는 아이템이다. 다만 요즘에는 스마트폰으로 타이머를 대신하거나 인터넷에서 타이머를 검색해 활용할 수도 있다.
줄넘기		줄이 필요한 활동에 다양하게 응용할 수 있다. 또 학기 초에 개인 줄넘기를 준비해서 기초 체력을 기를 수도 있다. 또 2명이 하는 줄넘기, 10명이 하는 단체 줄넘기 등 다양한 길이를 준비해놓으면 재미있게 놀이할 수 있다.
풍선		풍선은 다양한 놀이에서 폭넓게 활용할 수 있는 좋은 놀이도구의 하나이다. 크기와 색깔을 다양하게 준비하면 가장 좋지만 어렵다면 기본 크기로 30센티미터(12인치)를 다양한 색으로 준비해둘 것을 추천한다.
카프라 (젠가)		무언가를 높이 쌓고, 길게 쌓는 요소가 들어간 놀이 활동에서 다양하게 활용해볼 수 있다. 마치 블록처럼 다양한 모양으로 쌓으면서 재미있게 놀 수 있다.

이름	모습	설명
연결큐브		수학 시간에 주로 활용하는 연결 큐브도 좋은 놀이 도구이다. 여러 가지 색깔로 다양하게 준비해두면 다양한 놀이에서 유용하게 활용할 수 있다.
뿅망치		술래가 있는 놀이를 할 때 누가 술래인지 표시하는 장치가 필요하다. 팀 조끼, 모자 등으로 할 수도 있지만, 뿅망치를 들고 친구들을 잡으러 가면 더 즐겁게 놀이할 수 있다. 기왕이면 특대형 뿅망로 준비할 것을 추천한다. 아이들이 훨씬 좋아한다.
플라잉 디스크 (돗지비 디스크)		플라잉 디스크도 수업놀이에 다양하게 사용할 수 있다. 특히 천으로 만든 돗지비 디스크의 경우 플라스틱 재질의 플라잉 디스크에 비해 좀 더 안전하게 놀이할 수 있다.
공깃돌 (바둑알)		공깃돌은 공기놀이뿐만 아니라 다양한 형태로 응용할 수 있다. 예컨대 점수를 계산할 때, 팀을 나눌 때나 개수 자체를 헤아릴 때도 사용할 수 있다. 다방면으로 활용 가능한 효자 아이템이다.
콩주머니		콩주머니는 단순히 던져서 무언가를 맞추는 용도 이외에도 목표지점으로 운반하기, 뺏고 뺏어오기, 채우기 등 다양한 활동에 유용한 도구이다.
탱탱볼		아이들은 모두 공놀이를 좋아할 것 같지만, 공 자체에 대한 두려움을 가지고 있는 학생들도 꽤 많다. 맞아도 크게 아프지 않은 가볍고 부드러운 탱탱볼을 활용해서 공놀이를 시작하면 좋다.

다시 만난 수업놀이 디 에센셜

이름	모습	설명
피구공		피구공은 다양한 형태와 크기로 나오므로 학년에 따라 준비하면 더 좋다. 저학년은 3호, 고학년은 4호가 적당하다. 구매할 때 색깔을 다양하게 준비하면 색깔별로 의미를 부여해서 더 재미있게 놀이할 수 있다.
티볼공		야구형 놀이를 할 때 사용하면 좋다. 11인치와 9인치가 있는데 티볼에 초점을 두고 놀이를 할 경우에는 11인치가 적당하다. 공에 번호를 적어놓고 순서대로 나눠주고 연습하면, 다시 정리할 때도 편리하다.
짐볼		짐볼도 다양한 크기와 색깔이 있다. 65센티미터를 기본으로 하고, 여유가 된다면 55센티미터와 75센티미터를 함께 준비해놓으면 크기와 색깔에 특별한 의미를 부여해서 더 즐겁게 놀이할 수 있다.
탁구공 (무지, 다양한 색)		다양한 색깔의 탁구공을 준비하면 더 좋다. 탁구 경기용이 아니라 놀이용으로 온라인쇼핑몰에서 '무지탁구공', '칼라탁구공'으로 검색하면 비교적 저렴하게 구입할 수 있다.
계란판		30칸짜리 계란판은 공(특히 탁구공)을 이용한 놀이에서 재미있게 활용할 수 있으며, 재활용의 의미도 있다.
털실 뭉치		마음을 주고 받을 때, 미션 임파서블 거미줄 통과, 림보 등의 놀이 등에 사용할 수 있다. 또 특정 모양을 만들고 그 안에 들어가거나 모양을 주변에서 찾아보고 모양을 만드는 활동을 할 때도 두루 사용할 수 있다.

이름	모습	설명
페트병		다 쓴 플라스틱 페트병 몇 개를 깨끗이 세척해서 모아두자. 웬만한 놀이 도구보다 재미있는 놀이를 즐길 수 있다. 병은 방망이 대용으로, 페트병의 뚜껑은 공 대신으로 활용해볼 수도 있을 것이다.
사탕		놀이에 보상이 들어가는 순간 그 의미가 경쟁으로 변한다고 한다. 따라서 무조건 이긴 쪽에만 상을 주는 형태는 지양할 필요가 있다. 개별 포장된 사탕을 활용한 놀이를 하고 다 함께 먹으면서 마무리하는 것을 추천한다.
물총		여름에는 빠질 수 없는 것이 물총 놀이이다. 아이들에게 개별로 준비해오게도 하지만, 교실에 여유 있게 몇 개 준비해 놓으면 미처 준비하지 못한 아이들도 즐겁게 참여할 수 있게 된다.
비밀펜		아이들도 많이 가지고 다니는 학용품으로, 빛을 비추면 글자가 보인다. 각종 놀이에 재미를 더해주는 유용한 아이템이다. 인터넷 '비밀펜'을 검색하면 다양한 제품을 만날 수 있다.

놀이 아이디어

참고자료 목록

〈단행본〉

* 김현철·박준영·백수연·백선아·오정화, 《사회적 기술》, 한국협동학습센터, 2014.
* 조세핀 킴, 《교실 속 자존감》, 비전과리더십, 2014.
* 허승환, 《교실 속 평화놀이》, 테크빌교육, 2016.
* 대니얼 코일, 《최고의 팀은 무엇이 다른가》(박지훈 옮김), 웅진지식하우스, 2018.
* 맥스웰 몰츠, 《맥스웰 몰츠 성공의 법칙》(신동숙 옮김), 비즈니스북스, 2019.
* 제인 넬슨·린 로트·스티븐 글렌, 《학급긍정훈육법》(김성환 외 옮김), 에듀니티, 2014.
* 토드 로즈, 《평균의 종말》(정미나 옮김), 21세기북스, 2018.

〈신문/ 텔레비전〉

* 지성배, 〈2022 개정 교육과정 확정…"포용성·창의성 갖춘 주도적인 사람으로 성장"〉, 《교육플러스》, 2022. 12. 22. (http://www.edpl.co.kr/news/articleView.html?idxno=7909)
* 최민지, 〈내년 학교 덮칠 'AI 교과서'…현장선 "내가 교사냐, AS 기사냐"〉, 《The JoonAng》, 2023. 06. 10. (https://www.joongang.co.kr/article/25168881#home)
* 김성태, 〈일론 머스크 "AI, 인류 멸종시킬 위험"…업계 "핵처럼 관리 필요"〉, 《서울경제》, 2023. 05. 27. (https://www.sedaily.com/NewsView/29PQP5DUIF)
* tvN 〈핀란드편〉, 《수업을 바꿔라 시즌 1. 1~2화》

〈참고 사이트〉

* https://blog.naver.com/kingofnsb/222805018463
* https://www.primecoachingsport.com/
* https://literacyandlattes.com/2016/08/17/team-builders-for-the-classroom/
* https://www.ssww.com/blog/strikerball-activity-physical-education

〈핀터레스트〉

* https://www.pinterest.co.kr/pin/610308186985174996/
* https://www.pinterest.co.kr/pin/34128909663508389/
* https://www.pinterest.co.kr/pin/742953269755218852/
* https://www.pinterest.co.kr/pin/742953269760480985/
* https://www.pinterest.co.kr/pin/547891110901742768/
* https://www.pinterest.co.kr/pin/828380925194715410/
* https://www.pinterest.co.kr/pin/668925350878582899/
* https://www.pinterest.co.kr/pin/302515299944230064/

〈유튜브〉

* https://www.youtube.com/watch?v=ymBchGKacZM
* https://www.youtube.com/watch/?v=nFv4K4y9D3c
* https://www.youtube.com/watch?v=YBF1UedYqmY&t=611s
* https://www.youtube.com/watch?v=1uj7Zo3fjt8

〈기타〉

* 교육부 고시 제2022-33호, 〈초중등학교 교육과정 총론-별책1〉, 2022.12.22.
* 놀이위키 모임

※ 최대한 참고자료나 관련 링크를 넣으려고 노력했으나 혹시 놓친 부분이 있을
수 있습니다. 혹시 놓친 자료를 발견하면 다음 인쇄할 때 꼭 넣겠습니다.